Jack Kornfield & Christina Feldman

Geschichten, die der Seele gut tun

Das Buch

„*Viele der hier vorgestellten Geschichten zählen zu meinen Lieblingsgeschichten,
und zu einigen habe ich seit Jahren eine ganz persönliche Beziehung*", schreibt
der mit den Herausgebern befreundete *Jon Kabat-Zinn*. „*Es sind Diamanten der
Weisheit aus allen Traditionen und allen Zeitaltern, die wir im Laufe unseres Lebens von Zeit zu Zeit mit Ehrerbietung und Respekt in die Hand nehmen sollten*."
Sie kommen aus der Tradition des Zen, der Chassidim, der Christen, der Sufis oder
der Indianer –, sind also keiner speziellen religiösen Tradition verpflichtet, sondern
alle zusammen viel eher ein schönes Dokument dafür, daß alle tieferen Weisheiten
und Wahrheiten kultur- und religionsübergreifend sind. Geschichten, die den Geist
erfreuen, die Seele nähren und das Herz erwärmen. Alle großen Weisheitslehrer und
Religionsstifter, Jesus ebenso wie Buddha, aber auch die namenlosen Schamanen
oder Sufis oder Rabbis, haben ihre Einsichten immer auch mit Hilfe von Geschichten zu vermitteln gesucht. Ein wesentliches Element tieferer Weisheitsgeschichten
ist ihr Humor, ihre innere Heiterkeit. Sie zeigen damit, daß Heiterkeit und Lachen
durchaus mit weisheitlicher Tiefe vereinbar sind.

Die Herausgeber

Jack Kornfield, Psychologe und Psychotherapeut, war Mönch in Thailand, Burma
und Indien und lehrt seit 1974 weltweit Meditation. *Christina Feldman*, buddhisti-
sche Meditationslehrerin seit 1976.

Geschichten,
die der Seele gut tun

Herausgegeben von
Jack Kornfield und Christina Feldman

Arbor Verlag
Freiamt im Schwarzwald

Auswahl aus *Geschichten des Herzens.*
Weisheitsgeschichten aus aller Welt. Hrsg. von Christina Feldman
und Jack Kornfield. Erschienen im Arbor Verlag.
Übersetzt aus dem Amerikanischen von Karin Hein.
© Copyright der deutschen Originalausgabe: Arbor Verlag, Freiamt 1998.
Published by arrangement with Harper San Francisco, a division of HarperCollins
Publishers Inc., San Francisco, CA, USA
Originaltitel: „Stories of the Spirit, Stories of the Heart", © Copyright 1991
by Christina Feldman und Jack Kornfield

Titelfoto © Jürgen Stüwe, 2004
7. Auflage 2022
Druck und Verarbeitung: Eberl & Kœsel, Krugzell
Dieses Buch wurde auf 100% Altpapier gedruckt und ist
alterungsbeständig. Weitere Informationen über unser Umweltengage-
ment finden Sie unter www.arbor-verlag.de/umwelt.

ISBN 978-3-936855-15-9

INHALT

ZWEITER TEIL
DEN WEG FINDEN

DRITTER TEIL
UNSERE WAHRHEIT LEBEN

Vorwort

Lange vor der Entstehung formaler Religionen war das Geschichtenerzählen ein Mittel zur Weitergabe und Bewahrung uralter Weisheit. In den Erzählungen fanden Legenden, historische Geschichte und tiefe Lebenswahrheiten ihren Ausdruck. Die Geschichten führten ihre Hörer in eine Welt des Zaubers und des Geheimnisvollen, in die Möglichkeit des Andersseins. Geschichten faszinierten und besänftigten das erschöpfte Gemüt am Ende eines anstrengenden Tages. Und Geschichten sind seit alters her das traditionelle Medium des Lehrens und Lernens.

Große Meister wie Jesus und Buddha gaben hervorragende Beispiele, und die Schamanen und Ältesten vieler Traditionen haben bei Lagerfeuern und Stammestreffen ihre Weisheit in Geschichten eingefangen, die ihre Hörer noch heute weltweit mit Bildern und Symbolen in die tieferen Visionen des Lebens eintauchen lassen.

Dieses Buch ist eine Sammlung solcher Weisheitsgeschichten, zusammengestellt aus vielen Kulturen und Jahrhunderten, aus den großen Traditionen des Ostens und Westens, aus christlichen, buddhistischen, Sufi-, Zen-, chassidischen, Hindu-, indianischen, afrikanischen und anderen Quellen. Jede Geschichte lebt aus der Herzensfülle und Inspiration dieser Traditionen.

Ein wesentliches und zugleich erfrischendes Element dieser Geschichten ist ihr Humor. Wenn wir uns auf den Weg der spirituellen Praxis begeben, scheint oft nur noch wenig Raum für Heiterkeit und Lachen zu bleiben. Die Aufgabe, unsere Herzen von Angst, Unverständnis oder Selbstsucht zu befreien, kann so ein tiefgreifendes und feierliches Unternehmen sein. Dann empfinden wir das spirituelle Leben zuweilen als eine trockene, ernste Welt ohne Leichtigkeit und Humor. Manche von uns nähern sich dem spirituellen Weg sogar wie einer bitteren Medizin. Wir sind zwar überzeugt, daß sie uns guttut und heilt, doch niemand kann uns einreden, daß sie tatsächlich gut schmeckt. Bei all unserer Ernsthaftigkeit und Anstrengung scheint Lachen fast schon ein Sakrileg zu sein.

Wie es in der Vergangenheit immer war, gibt es auch in der Gegenwart einen Platz für solche Geschichten auf unserem eigenen spirituellen Weg, einen Platz für Humor als kleinen Spritzer Champagner in unseren ganzen Ernst.

Wenn wir den Geschichten anderer zuhören und für ihre Botschaft offen sind, können wir einen Lichtstrahl in unser Verstehen bringen. Die Geschichten verbinden uns mit den anderen Männern und Frauen, Tieren und Engeln, Wesen aller Zeiten und Kulturen. In den Geschichten über andere sehen wir uns selbst in anderer Form gespiegelt. Wir lernen, über unsere eigenen Absurditäten und Umwege, in die wir uns verlieren, zu lachen und eine neue Perspektive zu finden. Eine gute Geschichte schlägt eine Brücke von unserem persönlichen zum universellen Leben, verbindet unser eigenes Leben mit den Mustern und Wundern des Ganzen.

Die Geschichten der spirituellen Reisen anderer geben uns Nahrung, offenbaren tiefgreifende psychologische und geistige Wirklichkeiten, erleuchten die unvermeidlichen Schwierigkeiten und Erkenntnisse all derer, die auf dem Weg sind wie wir. Die Geschichten zeigen einen Weg, werfen ein Licht auf unseren Pfad, lehren uns, wie man schaut, erinnern uns an die großartigen Möglichkeiten im Menschen. Wir werden eingeladen, zu lachen, aufzuwachen, uns auf der Reise mit anderen zusammenzutun. Ihre Geschichten sind unsere Geschichten – sie haben die Macht, uns zu berühren, zu bewegen und zu inspirieren.

Die Geschichten in diesem Buch sind in drei Abschnitte gegliedert, die verschiedene Aspekte der spirituellen Reise hervorheben.

Der erste Teil – *Das Öffnen der inneren Tür* – hat als Schwerpunkt das Aufdämmern der inneren Vision, die uns inspiriert, uns auf den spirituellen Weg zu begeben. Die Möglichkeiten unseres eigenen Lebens und Herzens werden durch unsere Lebenserfahrung und Beispiele großer und einfacher Menschen wachgerufen. Wir erhaschen einen Blick von der Transformation, die durch die Kraft unseres eigenen Mitgefühls, Mutes, unserer Integrität und Aufmerksamkeit möglich wird.

Im zweiten Teil – *Den Weg finden* – werden uns Täler und Höhen gezeigt, denen wir begegnen, wenn wir uns auf die Reise gemacht haben. Diese Geschichten helfen uns, Weisheit von Torheit zu unterscheiden, falsche Ideale von der offenkundigen Wahrheit, und zeigen uns den Weg zu Mitgefühl, Weisheit und Erwachen.

Im dritten Teil lernen wir, was es heißt, Integrität und Mitgefühl in unserem Leben zu verkörpern, und wie wir die Welt um uns herum durch die einfache Liebe und Weisheit berühren können, die aus unserer eigenen Erfahrung entsteht.

Wer in diesem Buch liest, mache sich am besten leer und empfänglich, so als ob er sich zu den Füßen eines wahren Meisters oder an einem der alten Lagerfeuer niedergelassen habe. Dieses Buch ist aus vielen Jahren eigener spiritueller Praxis gewachsen, aus unseren Wanderungen, Schwierigkeiten, unserem Verstehen und Lehren. In uns sind große Liebe und Achtung für diese Geschichten der Weisheit gewachsen. Sie mit anderen zu teilen, bedeutet für uns auch, unser Herz und unsere Weisheit zu teilen. Mögen sie Verstehen und Freude bringen.

Christina Feldman
und Jack Kornfield

ERSTER TEIL
DAS ÖFFNEN DER INNEREN TÜR

Die unschätzbare Gabe einer Geschichte liegt in ihrer Kraft, in unserer Vorstellung einen Funken zu entfachen. Eine große Geschichte ist imstande, die Begrenzungen unserer privaten Welten mit ihren Kümmernissen und Freuden zu überschreiten und uns die Universalität menschlichen Erlebens zu eröffnen. Durch Geschichten lernen wir, daß Herzleid und Freude, Kummer und Liebe, Opfer und Mut nicht Eigentum einer bestimmten Zeit oder Kultur, nicht Segen oder Fluch bestimmter einzelner sind. Geschichten erinnern uns, wie zeitlos und allgemeingültig die Suche nach Frieden und Freiheit ist, nach einem Leben in Liebe und Mut, frei von Konflikten und Schmerz.

Erzählungen aus Märchen und Mythologie regen unsere Vorstellungskraft ebenso an wie die großer Persönlichkeiten, die die Welt um sich herum durch ihre Weisheit und Liebe verändert haben. Wir empfangen Inspiration aus den Geschichten spiritueller Führer, die inmitten von Haß und Gewalt einen Weg des Friedens lehren. Ebenso bewegt uns die Geschichte eines Kindes, das einer lebensbedrohenden Krankheit dankbar begegnet, oder die Geschichte eines verarmten Flüchtlings, der seinem Unterdrücker vergeben kann.

Eine unschätzbare Botschaft solch zeitloser Geschichten liegt in ihrer Fähigkeit, uns unser eigenes Leben, unsere eigenen Geschichten ganz neu betrachten zu lassen. Große Geschichten lehren uns, nicht zu verzweifeln, nicht in Gram oder Hoffnungslosigkeit zu versinken, und sie erinnern uns auf klare und inspirierende Art an unsere Möglichkeiten, an unser eigenes Potential. Die Geschichten, die von anderen handeln, dienen uns als Beispiel und Vorbild, und sie lehren uns, daß die Möglichkeit zu großem Mut, Liebe und Mitgefühl Teil unserer eigenen Geschichte sein kann.

Die Kraft zu Transformation und Liebe war nie nur Domäne oder Besitz heiliger oder besonderer Wesen. Mut und Mitgefühl sind keine Schätze der Vorherbestimmung, die nur einer auserwählten Minderheit vorbehalten sind. Das Herz der Liebe, Vergebung und Dankbarkeit liegt in jedem von uns. Die Geschichten, denen wir zuhören, erwecken in uns die Sehnsucht, sie in unserem Leben zu verwirklichen und erinnern uns daran, daß jeder von uns das Potential hat, als voll empfindendes, verbundenes und freies menschliches Wesen zu leben.

1
AUSSERGEWÖHNLICHE MÖGLICHKEITEN UND HERZENSGRÖSSE

Wir beginnen mit Geschichten über große Triumphe und Offenbarungen nicht deshalb, weil sie unmöglich, sondern weil sie möglich sind. Sie vermitteln die Macht der Liebe, des Glaubens und des Mutes. Sie sprechen von der Fähigkeit tiefen Mitgefühls und Integrität, die Herzen anderer zu berühren und die Welt zu transformieren. Wenn wir die Geschichten auf weise Art lesen, werden wir aus ihren Botschaften keine Heiligen oder Ideale kreieren, sondern herausfinden wollen, ob derselbe Glaube, Mut und dieselbe Weisheit in unseren eigenen Herzen zu finden ist und wie wir selber unsere eigenen Geschichten leben können.

Wir würden uns keinen Gefallen tun, wenn wir Weisheit und Beispiel der Geschichten als Maßstab zur Beurteilung unserer eigenen Unvollkommenheit und Mängel benutzen wollten. Vielmehr können die Geschichten uns inspirieren, über unsere anscheinenden Schwächen und Zweifel hinauszusehen, die große Stärke und Liebe wertzuschätzen, die in uns liegen. Jeder von uns ist aufgerufen, auf Not, Elend und Verlust zu antworten. Jeder einzelne von uns wird in seinen Tiefen vom Schmerz und Widerspruch berührt, der zur menschlichen Erfahrung gehört. Unsere Fähigkeit, mit derselben Feinfühligkeit und demselben Mut zu antworten, wie sie in diesen Geschichten zum Ausdruck kommen, wird durch unsere Bereitschaft bestärkt, die potentielle Herzensgröße in jedem von uns anzuerkennen.

Es gibt einen Ort in uns, der die Quelle großer Furchtlosigkeit, von Mitgefühl und Integrität darstellt. Das ist der Ort, der uns inspiriert, jemandem eine tröstende Hand anzubieten, einem Freund in der Not zu helfen, oder einzugreifen, wenn jemand Schmerz zugefügt wird. Es ist der Ort in uns, der über das Leid in der Welt bekümmert ist und der über das Glück und die Liebe jubelt, die wir finden können. Wenn wir auf lebendige Weise mit unserem eigenen Herzen in Verbindung stehen, sind wir dankbar, daß wir mit allen Lebewesen den Wunsch nach Freiheit von Schmerzen und Angst und einem Leben in Frieden und Freiheit teilen.

Man muß kein Heiliger sein, um vergeben zu können, und kein Buddha, um große Opfer zu bringen. Mitgefühl und Liebe brauchen keine großartige Geste oder Dramatik. Unsere Gelegenheiten zur Liebe, Vergebung, Achtung sind zahlreich. Jedesmal, wenn wir angemessen reagieren, handeln wir als bewußter Teilnehmer an der Schöpfung einer Welt des Friedens und der Integrität. Jede antwortende Reaktion ist von Bedeutung, macht einen Unterschied.

Die Größe unseres Herzens liegt nicht darin, daß wir Beweise wollen, was unsere Reaktionen der Rücksicht und Liebe tatsächlich bewirken. Die Größe unserer Liebe liegt nicht darin, daß wir Beweise für die Auswirkung unserer Anteilnahme brauchen. Unser Vertrauen auf die Liebe selbst trägt uns, der Reichtum unserer Anteilnahme nährt uns. Indem wir keine Bestätigung, Zustimmung oder Belohnung verlangen, sind wir frei, einfach im Geiste von Achtung und Liebe zu leben.

Die Geschichten in diesem Kapitel sprechen von Liebe und Glauben. Sie laden uns ein, unser Leben einmal neu zu betrachten. Was in unserem Leben könnte durch Vergebung geheilt werden? Welche Zwietracht und Uneinigkeit besteht, die durch Geduld und Liebe versöhnt werden könnte? Welche Konflikte könnten durch Toleranz und Mitgefühl aus der Welt geschafft werden? Welche Gelegenheiten haben wir, wirklich einen Unterschied zu machen?

EIN JUNGER MANN, der eine bittere Enttäuschung in seinem Leben erlitten hatte, begab sich zu einem entlegenen Kloster und sagte zum Abt: „Ich bin vom Leben enttäuscht und möchte die Erleuchtung erlangen, um von diesen Leiden befreit zu sein. Aber ich habe keine Begabung, etwas lange durchzuhalten. Ich könnte niemals lange Jahre der Meditation und der Studien und strengen Lebensführung durchmachen; ich würde wieder in die Welt zurückgezogen werden, obwohl ich weiß, wie schmerzlich das ist. Gibt es einen kurzen Weg für Leute wie mich?" „Es gibt einen", sagte der Abt, „wenn du wirklich entschlossen bist. Sage mir, was hast du studiert, worauf hast du dich in deinem Leben am meisten konzentriert?" „Hm, auf nichts so richtig. Wir waren reich, und ich brauchte nicht zu arbeiten. Ich glaube, was mich wirklich interessierte, war das Schachspiel. Damit verbrachte ich die meiste Zeit."

Der Abt dachte einen Moment nach und sagte dann zu seinem Assistenten: „Hole den Mönch soundso, und er soll ein Schachbrett und Figuren mitbringen." Der Mönch kam mit dem Brett, und der Abt stellt die Figuren auf. Dann ließ er sein Schwert bringen und zeigte es den beiden. „O Mönch", sagte er, „du hast mir als deinem Abt Gehorsam gelobt, und nun fordere ich ihn von dir. Du wirst mit diesem jungen Mann eine Partie Schach spielen, und wenn du verlierst, werde ich dir mit diesem Schwert den Kopf abschlagen. Doch ich verspreche, daß du im Paradies wiedergeboren werden wirst. Wenn du gewinnst, werde ich diesem Mann den Kopf abschlagen, denn Schach ist das einzige, wobei er sich jemals wirklich angestrengt hat, und wenn er verliert, verdient auch er den Verlust seines Kopfes." Sie sahen dem Abt ins Gesicht und verstanden, daß es ihm ernst war. Dem Verlierer würde er den Kopf abschlagen.

Sie begannen das Spiel. Bei den Eröffnungszügen spürte der junge Mann, wie ihm der Schweiß bis zu den Fersen hinuntertropfte, als er um sein Leben spielte. Das Schachbrett wurde zur ganzen Welt; er war völlig darauf konzentriert. Zuerst war es eher schlecht um ihn bestellt, doch dann machte der andere einen schlechten Zug, und er ergriff die Gelegenheit, einen starken Angriff zu lancieren. Wie die Stellung seines Gegners zerbröckelte, sah er ihn verstohlen an. Er sah ein Gesicht aus Intelligenz und Aufrichtigkeit, geprägt von Jahren strengen Lebens und Bemühens. Er dachte an sein eigenes wertloses Leben, und ihn überkam eine Welle des Mitgefühls. Absichtlich beging er einen Fehler und dann noch einen, die seine Stellung ruinierten und ihn seiner Verteidigung beraubten.

Plötzlich beugte sich der Abt vor und stieß das Brett um. Die beiden Gegenspieler waren verstört. „Hier gibt es keinen Gewinner und keinen Verlierer", sagte der Abt langsam, „hier kann kein Kopf fallen. Nur zwei Dinge sind erforderlich", und er wandte sich an den jungen Mann, „völlige Konzentration und Mitgefühl. Du hast heute beides gelernt. Du warst völlig auf das Spiel konzentriert und konntest doch Mitgefühl empfinden und warst bereit, dein Leben zu opfern. Bleibe nun einige Monate hier und verfolge unsere Ausbildung in diesem Geiste, dann ist dir die Erleuchtung gewiß." Er tat es und erlangte sie.

Zen

Als das bischöfliche Schiff für einen Tag an einer entlegenen Insel anlegte, entschloß sich der Bischof, die Zeit auf die bestmögliche Weise zu nutzen. Er spazierte die Küste entlang und traf auf drei Fischer, die ihre Netze flickten. In ihrem Pidgin-Englisch erklärten sie ihm, daß sie schon vor Jahrhunderten von Missionaren zum Christentum bekehrt worden waren. „Wir Christen!" sagten sie, voller Stolz gegenseitig auf sich zeigend.

Der Bischof war beeindruckt. Kannten Sie das Vaterunser? Davon hatten sie nie gehört. Der Bischof war schockiert.

„Wie sagt ihr denn, wenn ihr betet?"

„Wir heben die Augen zum Himmel. Wir beten: Wir sind drei, du bist drei, hab Erbarmen mit uns." Der Bischof war entsetzt über die primitive, ja ketzerische Ausdrucksweise ihres Gebets. Also verbrachte er den ganzen Tag damit, ihnen das Vaterunser beizubringen. Die Fischer waren langsam im Lernen, doch sie gaben alles her, was sie konnten, und bevor der Bischof am nächsten Tag fortsegelte, hatte er die Genugtuung, daß sie das ganze Gebet ohne einen Fehler aufsagen konnten.

Monate später kam das Schiff zufällig wieder an dieser Insel vorbei, und als der Bischof auf Deck auf und abging und sein Abendgebet sprach, erinnerte er sich voller Freude der drei Männer auf dieser einsamen Insel, die nun dank seines Einsatzes beten gelernt hatten. Während er diesem Gedanken noch nachhing, fiel sein Blick auf ein kleines Licht im Osten.

Dieses Licht kam dem Schiff immer näher. Zu seinem großen Erstaunen sah der Bischof, wie drei Figuren über das Wasser gingen. Der Kapitän ließ das Schiff anhalten, und alle lehnten sich über die Reling, um diesen Anblick zu sehen.

Als sie in hörbarer Entfernung waren, erkannte der Bischof seine drei Freunde, die Fischer, wieder. „Bischof", riefen sie aus. „Wir hören dein Schiff vorbeifahren, und kommen schnell schnell dich sehen."

„Was wollt ihr?" fragte der Bischof von ehrfürchtiger Scheu erfüllt.

„Bischof", sagen sie, „wir so sehr leid. Wir vergessen schönes Gebet. Wir sprechen ‚Unser Vater im Himmel, heilig sei dein Name, dein Reich komme ...' und dann vergessen. Bitte sag uns Gebet noch einmal."

Der Bischof war beschämt. „Geht in eure Hütten zurück, meine Freunde", sagte er, „und jedesmal, wenn ihr betet, sprecht: Wir sind drei, du bist drei, hab Erbarmen mit uns."

Christlich

Buddha erzählt die Parabel von einem Mann, der über ein Feld wanderte und dabei einem Tiger begegnete. Er floh, und der Tiger verfolgte ihn. Er kam an einen Abgrund, konnte sich am Wurzelwerk eines wilden Weinstocks festhalten und schwang sich über den Rand.

Der Tiger beschnüffelte ihn von oben. Zitternd schaute der Mann in die Tiefe, wo weit unter ihm noch ein Tiger war, der darauf wartete, ihn zu fressen. Der Weinstock war sein einziger Halt. Zwei Mäuse, eine weiß und eine schwarz, begannen den Weinstock Stückchen für Stückchen wegzuknabbern. Der Mann entdeckte eine saftige Erdbeere vor sich. Die eine Hand umklammerte den Weinstock und mit der anderen pflückte er die Erdbeere. Wie süß sie schmeckte!

Zen

Ich trage mein ehrenamtliches Sanitätsratsabzeichen, das sie mir im Rathaus gaben. Ich bin wach, ich bin bereit, ich bin da draußen. Und ich habe meine Pfeife. Mein Job ist zu helfen, parkende Autos von der Straße zu schaffen, damit die Sanitätswagen und der Wayne-Feger genug Platz haben. Also wenn sie auftauchen, geh ich mit meiner Trillerpfeife rum, damit die Leute ihre Autos wegfahren. Das ist großartig.

Die Leute schlafen. Sie sind beschäftigt mit Geschäftigkeiten. Sie sind beschäftigt, wenn sie frei nehmen von ihrer Geschäftigkeit. Sie sind beschäftigt, um sich zu vergnügen. Sie sind beschäftigt, wenn sie sich nicht vergnügen. Wie auch immer. Ist mir egal. Ich trällere auf meiner Pfeife. Ich bin überall dabei.

Ich mache keine Unterschiede. Ich bin genauso hinter den Sanitätsleuten her. Die Gewerkschaft verschaffte ihnen eine Kaffeepause. Also Kaffee. Sie essen Eier, sie essen Speck, sie essen Toast ... Sie essen Weißbrottoast! Ich ziehe sie damit auf. Und ich geh rein ins Restaurant und blase auf der Pfeife. Sie lieben das, sie verstehen. Jeder liebt es, jeder versteht. Die Pfeife ist das Interessante. Manchmal muß ich so lachen, dann kann ich nicht pusten. Dann gehe ich wieder an die Arbeit. „Ihr Flaschen, bewegt euch, auf geht's!"

Dies war früher eine wunderschöne Stadt. Die Leute kümmerten sich um alles. Wenn du die Miete nicht bezahlt hattest, kam der Sheriff und hat deine Möbel auf die Straße gesetzt. Doch dann kamen automatisch die Ärmsten der Armen und warfen dir ihre Pennies und

Groschen vors Haus und brachten dich wieder in die Wohnung zurück. Das ist Nachbarschaft.

Heute ist es anders. Die Dinge sind aus dem Lot – schwer zu sagen, wieso. Die Leute haben sich in ihre eigenen Leben verschlossen. Ich sehe sie auf der Straße, in ihren eigenen Gedanken verloren. Nicht, daß ich da anders wäre. Ich bin selber eine Niete. Hab' genauso viele schlechte Gewohnheiten wie jeder andere auch. Du solltest meine Wohnung sehen. Die Unordnung. Und ich, Mr. Saubermann! Doch ich bemühe mich. Machen wir einen Versuch. Alles ist möglich.

Was kann ich dir erzählen? Ich bin kein Heiliger und kein Weiser. Ich bin kein zweitausend Jahre alter Mann. Ich bin nur der zweiundneunzig Jahre Alte. Nur einer der Senioren unter den Bürgern. Aber was weiß ich, was die anderen nicht wissen? Wir wissen. Ich geh am Morgen einfach raus und trällere auf meiner Pfeife. Das ist das, was ich mache. Du machst, was du machst. Was mich betrifft, ich unterhalte mich bestens. Wunderbares Vergnügen. Und wenn die Leute sehen, was für einen Spaß ich habe, müssen sie lachen. Was können sie sonst machen? Dann versetze ich ihnen einen Schlag mit meinem: „Dein Auto muß hier weg!"

Zeitgenössisch

2
DER MUT IN UNS

❦

Jede große Reise, sei es der Versuch einer Bergbesteigung oder die Erweckung des Geistes, braucht großen Mut und Standhaftigkeit. Soll eine bedeutsame Suche oder Möglichkeit in unserem Leben verwirklicht werden, müssen wir unsere tiefen inneren Quellen der Furchtlosigkeit, Hingabe und Ausdauer erschließen. Auf jeder großen Reise betreten wir unbekanntes Territorium. Und unvermeidlich werden Angst, Zweifel und Unsicherheit wenigstens zeitweise unsere Reisegefährten sein. Trotzdem müssen wir weiterziehen.

Selten werden große Reisen ohne zeitweilige Umwege oder Abstecher vollendet. Immer wieder machen wir in unserem Leben einen neuen Anfang, schlagen wir neue Richtungen ein. Gerade das Unbekannte an unserer Reise bedeutet ja, daß es wenige Wegweiser gibt, auf die wir uns sicher verlassen können. Unvermeidlich wird es Zeiten geben, wo wir das Gefühl haben, wir hätten den Weg verloren, Fehler begangen oder wo wir uns in Zweifeln ergehen, ob wir jemals fähig sind, unsere Reise zu vollenden. Zur Vollendung unserer Reise gehört auch, zu lernen, wie wir Schwierigkeiten dankbar annehmen, an den begangenen Fehlern wachsen können. Es ist unser Mut, der uns einen Ort gelassener Heiterkeit und Wahrheit inmitten von Sturm und Schwierigkeiten finden läßt.

Es ist der Mut des Kriegers, der uns durch diese Momente der Dunkelheit trägt. Don Juan, ein großer Yaqui-Schamane, sprach von dem Unterschied zwischen einem gewöhnlichen Menschen und einem Krieger. Der gewöhnliche Mensch sieht alles im Leben entweder als Segen oder Fluch, während der Krieger alles als Herausforderung nimmt. Wenn wir uns auf eine große Reise begeben und einen neuen Anfang machen, sind auch wir aufgerufen, Krieger zu sein – allerdings Krieger mit einem Herzen. Die Eigenschaften des inneren Kriegers, die uns auf unserer Reise beistehen, sind Unzerstreutheit, Mut und Ausdauer. Die Qualitäten scharfer Wachheit und inneren Zutrauens bilden auf unserer Suche die Grundpfeiler für ihre Vollendung. Ein echter Krieger muß diese Qualitäten zu nähren wissen und darf keine Feinde und Gegner haben, sich nicht um Gewinn oder Niederlage kümmern.

Dies Kapitel erzählt von jenen, die von entgegentretenden Schwierigkeiten und Herausforderungen transformiert wurden und entdeckt haben, wie sie ihre Umgebung mit der Macht ihrer Liebe und ihren Mutes berühren können. Indem wir Schwierigkeiten mit offenem Herzen begrüßen, können auch wir tiefere Liebe und klarere Sicht erlernen. Die Kraft unseres Mutes öffnet uns die Augen für die Entdeckung des Lichtes mitten in der Dunkelheit.

Die folgenden Geschichten können uns inspirieren, unsere eigene Reise zu betrachten. Was sind die Bedrängnisse und Hindernisse, mit denen wir in diesem Moment unserer Lebensreise zu kämpfen haben? Wie gehen wir mit Mißerfolg, Versagen, Verlust und Enttäuschung um? Können wir unsere Herzen öffnen, um dankbar und in Liebe die unvermeidlichen Herausforderungen anzunehmen? Welche Gelegenheiten bieten sich in den uns gestellten Herausforderungen zum Entdecken neuer Tiefe der Weisheit und des Mitgefühls?

EIN BRUDER KAM ZU Abba Poemen und sagte: „Abba, eine Vielzahl von Gedanken kommt mir in den Sinn, und ich bin in Gefahr. Der alte Mann nahm ihn mit nach draußen ins Freie und sagte: „Öffne dein Gewand und ergreife den Wind." Er antwortete: „Nein, das kann ich nicht tun." Der alte Mann sagte: „Wenn du das nicht kannst, kannst du auch die Gedanken nicht daran hindern, in dich einzudringen. Doch was du tun sollst, stehe fest, wenn sie kommen."

Wüstenväter

WÄHREND EINER ZEIT der Bürgerkriege in Korea gab es einen General, der seine Truppen durch Provinz über Provinz führte und alles niedermetzelte, was sich in seinen Weg stellte. Die Bewohner einer Stadt wußten schon, daß er kam, und da sie die Geschichten über seine Grausamkeit gehört hatten, flohen alle in die Berge. Der General kam mit seinen Truppen in die leere Stadt und schickte seine Leute los, die Stadt zu durchsuchen. Einige Soldaten kamen zurück und berichteten, daß nur eine Person dageblieben war, ein Zen-Priester. Der General marschierte zum Tempel, trat ein, zog sein Schwert und sagte: „Weißt du nicht, wer ich bin? Ich bin der, der dich niedermetzeln kann, ohne mit der Wimper zu zucken."

Der Zen-Meister sah ihn an und entgegnete ruhig: „Und ich, mein Herr, bin einer, den man niedermetzeln kann, ohne daß er mit einer Wimper zuckt." Als er das vernahm, verbeugte sich der General und ging.

Zen

KAISHU UND SEINE FREUNDE überquerten einen tosenden Fluß im strömenden Regen, und das Boot schaukelte heftig. Alle Freunde des Meisters hatten Angst, und die Farbe wich ihnen aus dem Gesicht. Einige gingen sogar so weit und riefen die Gottheit der Liebe, Avolakiteshvara, um Hilfe an. Doch Kaishu saß ruhig in seiner Meditation.

Als das Boot an Land anlegte und seine Freunde erleichtert aufseufzten, tadelte Kaishu sie mit folgenden Worten: „Der Zen-Mann ist zu nichts gut, wenn er sich nicht selbst helfen kann. Die Gottheit muß über eure Schwäche gelacht haben."

Zen

EIN ZEN-MEISTER war von einem großen katholischen Kloster eingeladen worden, Unterweisung in der Zenpraxis zu geben. Er ermahnte die dortigen Mönche, zu meditieren und die Lösung ihres Koan oder ihrer Zenfrage mit viel Energie und großem Eifer anzugehen. Er sagte, wenn sie sich von ganzem Herzen anstrengen würden, würde ihnen wahres Verstehen zukommen. Ein alter Mönch hob die Hand. „Meister", sagte er, „unsere Art des Gebets ist eine andere. Wir haben stets auf die einfachste Weise meditiert und gebetet, ohne Anstrengung. Statt dessen warten wir einfach darauf, durch die Gnade Gottes erleuchtet zu werden. Gibt es im Zen so etwas wie diese erleuchtende Gnade, die uneingeladen zu einem kommt?" fragte er. Der Zen-Meister sah ihn an und lachte. „Im Zen", sagte er, „glauben wir, daß Gott sein Teil bereits getan hat."

Zen

AMMA SYNCLETICA SAGTE: Am Anfang gibt es Kämpfe und viel Arbeit für diejenigen, die Gott nahe kommen. Doch danach gibt es unbeschreibliche Freude. Es ist, wie wenn man Feuer macht; zuerst qualmt es, und die Augen tränen, doch später bekommst du das gewünschte Resultat. Ebenso sollten wir das göttliche Feuer in uns selbst anzünden, mit Tränen der Anstrengung.

Wüstenväter

EIN MANN, DER DURCH DEN WALD GING, sah einen Fuchs, der seine Beine verloren hatte und fragte sich, wie er überleben könne. Da sah er, wie ein Tiger mit Jagdbeute in seinem Maul ankam.

Der Tiger fraß sich satt und ließ die Reste des Fleisches für den Fuchs übrig.

Am nächsten Tag fütterte Gott den Fuchs mit Hilfe desselben Tigers. Der Mann staunte über Gottes Erhabenheit und sagte sich: „Auch ich werde in einem ruhigen Winkel ausharren, im vollen Vertrauen auf den Herrn, und er wird mir alles besorgen, was ich brauche."

So tat er viele Tage lang, aber nichts geschah, und er war schon dem Tode nahe, als er eine Stimme hörte, die sagte: „Oh du, der du auf einem Irrweg bist, öffne deine Augen für die Wahrheit! Folge dem Beispiel des Tigers und höre auf, den behinderten Fuchs nachzuahmen."

Sufi

„MULLA, MULLA, mein Sohn hat mir von der Stätte des Lernens geschrieben, daß er seine Studien vollständig beendet hat!"

„Trösten Sie sich, gnädige Frau, mit dem Gedanken, daß Gott ihm zweifellos mehr senden wird."

Sufi

3
EIN WENIG ACHTSAMKEIT MACHT EINEN GROSSEN UNTERSCHIED

Das Geheimnis, wie wir mit einem Leben reich an Bewußtheit und Sensibilität beginnen können, liegt in unserer Bereitschaft, anwesend zu sein. Unser Wachstum zu bewußten, wachen Menschen hängt nicht so sehr von grandiosen Gesten und sichtbarer Enthaltung als vielmehr von der liebevollen Aufmerksamkeit ab, die wir den kleinsten Details im Leben schenken. Jede Beziehung, jeder Gedanke, jede Geste wird durch die ihnen gewidmete uneingeschränkte Aufmerksamkeit mit Bedeutung gesegnet.

In den komplexen Verschachtelungen unseres Denkens und Lebens vergessen wir leicht die Kraft der Aufmerksamkeit, und ohne Aufmerksamkeit treiben wir nur an der Oberfläche der Existenz dahin. Allein Achtsamkeit ist es, die uns befähigt, ein Vogelgezwitscher wirklich zu hören, aufs tiefste die Herrlichkeit eines Herbstblattes zu sehen, das Herz eines anderen zu berühren und berührt zu werden. Wir müssen voll da sein, um etwas oder jemanden von ganzem Herzen zu lieben. Wir müssen im gegenwärtigen Augenblick ganz wach sein, wenn wir empfangen und auf das darin zu Lernende reagieren wollen.

Vielleicht stellen wir uns unser Leben als endlose Strecke in der Zeit vor, die bis jenseits unvorstellbarer Horizonte reicht. Wir tragen die Erinnerungen unserer Vergangenheit genauso mit uns wie die Zukunftsphantasien und verlieren uns leicht in unserer Beschäftigung mit ihnen. Wir reden uns ein, wir hätten Zeit, die Öffnung unserer Herzen, unsere Suche nach Verbundenheit auf morgen zu verschieben. Wenn wir uns an die Unberechenbarkeit des Lebens erinnern, kann die Unsicherheit unserer Tage die Qualität unserer Beziehung zu jedem Moment um den Sinn für Dringlichkeit und Leidenschaft bereichern. Wo sonst könnten wir mit Liebe und Weisheit beginnen, wenn nicht hier, wann sonst können wir wahrhaft beginnen, unser Herz zu öffnen, wenn nicht jetzt?

Aufmerksamkeit ist Sensibilität, ist Verbindlichkeit. Die Achtsamkeit, die wir diesem Moment schenken, enthüllt uns die Freuden und Kümmernisse unserer Welt. Weisheit inspiriert uns, nicht vor dem Schmerz zurückzuweichen, sondern uns zu fragen, wie wir uns an der Heilung unserer Erde, unserer Gemeinschaften, unserer Welt beteiligen können. Oftmals entdecken wir, wie die größte Heilung in der kleinsten Geste liegt. Eine liebende Berührung, ein Wort der Anteilnahme, das Geschenk eines mitfühlenden Herzens erlauben uns, über die Begrenzung unserer persönlichen Welt hinauszuwachsen.

Achtsamkeit ist auch das Mittel, das uns innerlich mit den wechselnden Rhythmen unserer eigenen Gedanken, Gefühle und Sehnsüchte in Verbindung bringt. Ohne Urteil oder Widerstand nach innen zu hören, ist der Beginn der Selbsterkenntnis und des Sich-selbst-Verstehens – die Quelle der Weisheit. Eine derartige Aufmerksamkeit kann nur in dem Moment beginnen, in dem wir uns gerade befinden.

Das Geschenk in den Geschichten dieses Kapitels liegt in ihrer Kraft, uns an den Unterschied zu erinnern, den unsere eigene Aufmerksamkeit ausmachen kann. Was gilt es heute anzunehmen? Was haben wir in diesem Moment unseres Lebens außer acht gelassen? Hören wir wirklich, sehen wir deutlich, ist unser Herz in diesem Moment offen?

Ein Chasside beklagte sich bei Rabbi Wolf, daß gewisse Personen mit Kartenspielen die Nacht zum Tag machten. „Das ist gut so", sagte der Zaddik. „Wie alle Menschen wollen sie Gott dienen und wissen nicht wie. Doch nun lernen sie, wach zu bleiben und bei einer Sache auszuharren. Wenn sie darin vollkommen geworden sind, brauchen sie sich nur noch Gott zuzuwenden – und welch hervorragende Diener werden sie dann für Ihn sein!"

Chassidisch

Lord Shantih kam einmal an einen Teich und hielt an, um seine Spiegelung im glatten Wasser anzuschauen.

„Diese Spiegelung – bin ich das?" fragte er seinen Begleiter.

„Nein, mein Herr, das ist nur ein Bild von dir."

„Und wie hält das Wasser mein Bild?"

„Es hält dich", sagte der Begleiter, „mit einer Haut wie ein Spiegel."

„Und wo", fragte Lord Shantih, „berühren wir uns, dieser Teich und ich?" Sein Begleiter langte ins Wasser und spritzte es Lord Shantih ins Gesicht.

Thomas Wiloch

Ryokan hielt keine Predigten und tadelte nie jemand. Einmal bat sein Bruder Ryokan, in sein Haus zu kommen und seinem gestrauchelten Sohn zuzureden. Ryokan kam, sagte dem Jungen aber kein einziges Wort der Ermahnung. Er blieb über Nacht und bereitete sich auf seinen Abschied am nächsten Morgen vor. Als der widerspenstige Neffe Ryokan die Strohsandalen band, fühlte er einen warmen Tropfen Wasser. Er schaute auf und sah, wie Ryokan mit den Augen voller Tränen auf ihn hinunterschaute. Dann kehrte Ryokan nach Hause zurück, und der Neffe wandelte sich zum Besseren.

Zen

DEM MEISTER ACHAAN CHAH wurde von den Dorfbewohnern in seiner Nähe eine große Fläche Waldland für die Gründung eines Klosters angeboten. Eine reiche weltliche Befürworterin hörte davon und bot an, auf der Spitze eines kleinen Berges einen Tempel mit einer prächtigen Halle zu errichten. Andere weltliche Anhänger taten sich zusammen und entwarfen eine Konstruktion für die größte Buddhahalle mehrerer Provinzen. In den umliegenden Berghöhlen wurden Hütten für die Mönche gebaut und durch den Wald wurde in mühevoller Arbeit eine Straße angelegt.

Der Bau der Halle begann: Betonfundament, hohe Säulen, eine Plattform für eine riesige Buddhastatue aus Bronze. Während die Arbeiten ihren Fortgang nahmen, kamen weitere Pläne hinzu. Sponsoren und Bauherren hielten ausführliche Diskussionen ab. Wie phantasievoll sollte das Dach nun gestaltet werden? Sollte die Konstruktion nicht besser so und so modifiziert werden? Wie wäre es mit Hohlpfeilern und darunter einem großen Regenwassertank? Jeder hatte gute Ideen, die aber alle sehr teuer waren.

Den Höhepunkt all dieser Diskussionen bildet eine lange Sitzung mit dem Meister. Bauexperten und weltliche Geldgeber präsentierten all ihre verschiedenen Konstruktionsideen, die Kosten, die Bauzeiten. Schließlich ergriff die reiche Anhängerin das Wort und fragte: „Sage uns, Meister, welche der Ideen und Pläne wir ausführen sollen. Den schlichtesten? Den kostspieligsten? Wie sollen wir vorgehen?"

Der Meister lachte. „Wenn du Gutes tust, gibt es gute Ergebnisse." Mehr wollte er dazu nicht sagen. Die fertige Halle war ein Prachtstück.

Buddhistisch

4
DAS LICHT IN DER DUNKELHEIT FINDEN

☙

Im menschlichen Dasein suchen wir nach Glück, Verstehen und Erleuchtung, auf daß sie Licht in unser Leben und unser Herz bringen. Oft suchen wir in der Zukunft oder irgendwelchen von anderen übernommenen Idealen, wo der Schlüssel zu unserer Ganzheit und unserem Glück liegen könnte, als ob er irgendwo anders sei. Der Ort für Ganzheit, Licht und Erfüllung ist das Hier und Jetzt, auch wenn wir mitten in Schwierigkeiten stecken.

Es gibt diese Momente in unser aller Leben, wenn unsere persönliche Welt sich mit Dunkelheit füllt. Ein tragisches Geschick, Verlust, Trauerfälle, Ablehnung und Versagen sind Erfahrungen, die jeder macht. Es gibt kein lebendes Wesen, das die Macht hätte, den Kontakt mit dem Schmerz zu vermeiden. Es gibt keine Abwehr, die stark genug wäre, uns gegen die unvorhersagbaren Wechselfälle des Lebens unverwundbar zu machen.

Bisweilen, wenn wir uns auf den Zustand der Welt, in der wir leben, einstimmen, können wir leicht glauben, daß wir in ein Zeitalter der Dunkelheit eingetreten sind. Wir sind entsetzt und angewidert über die kollektive Fähigkeit der Menschheit zu Gewalt und Ausbeutung, oder wir verzweifeln angesichts der scheinbar unvermeidlichen Zerstörung unseres Planeten. Wir leiden unter dem Mißtrauen und der Entfremdung, die so häufig die Marksteine unserer mitmenschlichen Beziehungen bilden.

Wenn wir uns der eigenen Verletzlichkeit bewußt werden, besteht die Gefahr, daß wir uns ausgeliefert, unfähig und ohnmächtig fühlen. Die aus solchen Empfindungen resultierende Unsicherheit führt wiederum zu Ärger, Vorwürfen, Verschanzung und Feindseligkeit. Vielleicht versuchen wir sogar, uns den Lebenserfahrungen gegenüber zu betäuben und verstärken in dieser Taubheit doch nur unsere Isolation und die Schmerzen.

In Zeiten solcher Dunkelheit sehnen wir uns nach einer idealen Zukunft oder suchen Wunderformeln, die uns vor Schmerz und Konflikten schützen sollen. So leicht können wir nicht akzeptieren, daß gegen das Leben kein Kraut gewachsen ist. Indem wir nach einer Vollkommenheit streben, die mit unseren Bildern, unserer Vorstellung oder aufgeschnappten Geschichten konform geht, verpassen wir die Vollkommenheit und das Geheimnis, die jeden Tag vor uns liegen – den Sonnenaufgang, das Klopfen des Herzens, den Wechsel der Jahreszeiten, das Wunder der menschlichen Sprache.

Es ist eine Kunst, mit den Herausforderungen und Härten des Lebens umgehen zu lernen, Licht in der Dunkelheit zu entdecken und uns selber und unsere Umgebung zu heilen. Wie jede Kunst verlangt die Kunst, in Frieden zu leben, große Liebe und Disziplin. Wir müssen gewillt sein, uns nicht abzuwenden, den Schattenseiten in unserem Leben nicht aus dem Weg zu gehen, sondern uns ihnen zuwenden. Das ist der erste und bedeutendste Schritt, denn in dieser Wende werfen wir unsere Ängste, Verzweiflung und Selbstzweifel allmählich ab. Nicht die Dunkelheit ist unser Gegner, sondern unsere Ablehnung und Verneinung der Dunkelheit. Gerade in den größten Schwierigkeiten können wir entdecken, was das ewigwährende Licht in der Welt ist, unauslöschliches Licht. Wie der heilige Johannes vom Kreuz sagte: „Wenn jemand sicher sein will auf dem Weg, den er geht, muß er seine Augen schließen und im Dunkeln gehen." Dort finden wir wahres Mitgefühl und Größe des Geistes.

In dem Maße, wie wir uns den diversen Schatten in unseren Leben mit offenem Herzen und in klarer, besonnener Absicht zuwenden, hören wir mit Abwehr und Widerstand auf und beginnen, zu verstehen und zu heilen. Um das zu tun, müssen wir lernen, tief zu empfinden. Es hat nicht so sehr damit zu tun, die Augen offen zu halten, als vielmehr mit der Öffnung der inneren Sinne des Körpers und Herzens. Es bedeutet, genau auf das Geheimnis zu lauschen, das gerade vor uns liegt, und nicht auf die Vorstellungen, die wir über dies und das hegen. Wie im folgenden Kapitel ein großer tibetischer Arzt zeigt, enthüllt uns die Kraft, mit den Fingerspitzen zu hören, die Musik des Körpers ebenso wie die Sphärenmusik. Dieses Hören und Fühlen und Öffnen befreit unser Leben. Solange wir widerstehen, das Licht lieber woanders suchen, trennen wir uns von dem, was ist, unfähig zu sehen, daß alles, was existiert, von Licht erfüllt ist. Wenn wir mit derselben Sensibilität nach innen zu hören lernen, entdecken wir neue Tiefen der Ruhe, neue Quellen der Energie und Effektivität. Die Schatten, die wir zuvor als Feinde sahen, werden unsere größten Lehrer. Wir lernen, ihnen dankbar und gelassen zu begegnen.

In dieser Ruhe beginnen wir zu begreifen, daß Frieden nicht wirklich das Gegenteil von Herausforderung und Kampf ist. Wir begreifen, daß die Gegenwart des Lichtes nicht daraus resultiert, daß die Dunkelheit geendet hat. Frieden findet sich nicht da, wo Herausforderung fehlt, sondern in unserer eigenen Fähigkeit, ohne Urteil, Vorurteil und Widerstand in Bedrängnis sein zu können. Wir entdecken, daß wir die Energie und den Glauben haben, uns selber und auch die Welt durch eine in jedem Augenblick bestehende Annahmebereitschaft des Herzens heilen zu können.

Die Geschichten in diesem Kapitel erzählen von Menschen, die wie Leuchttürme sind, wie der kleine blinde Junge, der entdeckt, daß alle Dinge von einem inneren Licht erleuchtet werden, von ihnen ein Strahlen ausgeht und wir auf ganz grundlegende Weise tatsächlich Licht sind. Unser wahres Wesen, unsere grundlegende Gutheit scheint auf, wenn wir aufhören, woanders zu suchen und entdecken, daß das, wonach wir suchen, schon immer hier gewesen ist.

Wir mögen uns fragen, wen oder was wir als Gegner betrachten, als Feind in unserem Leben? Mit welchen Hindernissen oder Nöten haben wir zu kämpfen, was verleugnen wir? Betrachten wir die dunkelste Episode unseres Lebens, oder nehmen wir eine der größten Schwierigkeiten, die wir derzeit haben: Was an dieser Dunkelheit oder Schwierigkeit haben wir abgewehrt? Was akzeptieren wir nicht, obwohl es wahr ist? Wie könnten wir durch das Annehmen unserer gegenwärtigen Lage, so schwer das auch fallen mag, in uns die Weisheit eines Buddha oder das Herz eines Jesus entdecken? Welche Freiheit, welches Licht könnte unseren Geist inmitten all der Schwierigkeiten erfüllen? Gibt es einen anderen Weg, mit der Dunkelheit zu sein? Wie können wir mehr offenherzige und vielleicht sogar dankbare Annahme zeigen? Wie können wir unsere Schatten einmal neu sehen, im Licht der Bewußtheit und des Mitgefühls? Hier nämlich können wir anfangen zu heilen.

MULLA NASRUDDIN WAR AUF ALLEN VIEREN draußen unter einer Laterne, als ein Freund hinzukam. „Was machst du da, Mulla?" fragte sein Freund. „Ich suche nach meinem Schlüssel, den ich verloren habe." Also begab sich sein Freund ebenfalls auf alle viere, und beide suchten lange Zeit im Schmutz unter der Laterne herum. Da sie nichts fanden, wandte sein Freund sich schließlich an Nasruddin mit der Frage: „Wo genau hast du ihn verloren?" Nasruddin antwortete: „Verloren hab' ich ihn im Haus, aber hier draußen ist mehr Licht."

Sufi

EIN MANN, DESSEN AXT abhanden gekommen war, hatte den Sohn seines Nachbarn in Verdacht. Der Junge ging wie ein Dieb, sah aus wie ein Dieb, sprach wie ein Dieb. Doch dann, als er im Tal den Boden umgrub, fand der Mann seine Axt wieder, und das nächste Mal, als er den Nachbarssohn sah, ging der, sprach und sah aus wie jedes andere Kind.

Deutsches Volksgut

Mulla Nasruddin entschloss sich, einen Blumengarten anzulegen. Er bereitete den Boden vor und pflanzte die Samen vieler wunderschöner Blumen ein. Doch als sie aufgingen, füllte sich sein Garten nicht nur mit seinen ausgewählten Blumen, sondern überall wucherte Löwenzahn. Er suchte Rat bei allen möglichen anderen Gärtnern und probierte alle bekannten Methoden aus, um den Löwenzahn loszuwerden, aber ohne Erfolg. Schließlich ging er den ganzen Weg bis zur Hauptstadt, um beim Hofgärtner am Palast des Sheikh vorzusprechen. Der weise alte Mann hatte schon viele Gärtner beraten und schlug eine Vielzahl von Mitteln vor, um den Löwenzahn auszurotten, aber der Mulla hatte sie schon alle ausprobiert. Eine Weile saßen sie schweigend zusammen, bis am Ende der Gärtner Nasruddin anschaute und sagte: „Nun, dann schlage ich vor, du lernst, den Löwenzahn zu lieben."

Sufi

5
MITGEFÜHL

Mehr als alle anderen menschlichen Bedürfnisse, vielleicht sogar mehr als Nahrung und Schutz, sind in uns Menschen, die wir von anderen Menschen geboren, aufgezogen und mit ihnen verbunden sind, das Bedürfnis nach Berührung angelegt. Wir brauchen ständigen Kontakt und Anerkennung unserer gegenseitigen Abhängigkeit und Liebe, wenn wir ein volles Leben führen wollen. Denken wir an unser eigenes Leben, die Zeiten, da wir einen anderen Menschen tief berührt haben, und was es uns bedeutet hat. Oder an Zeiten der Not, da wir einem anderen Menschen erlaubt haben, uns zu berühren, uns zu helfen. Nicht mit unserer Rechtschaffenheit oder unseren Ideen lösen wir die Probleme der Welt, sondern mit der Kraft unserer Güte und der Fähigkeit zu gegenseitiger Berührung. Wenn wir durch die Schleier unserer Geschichten und Dramen hindurchsehen, kommen wir dahin, Schmerzen und Kummer in einander zu verstehen.

Mitgefühl ist diese einzigartige Eigenschaft des Herzens, die die Macht hat, Ärger und Ressentiments in Vergebung zu verwandeln, Haß in Freundlichkeit, Wut in Herzensgüte. Diese kostbarste aller Eigenschaften unseres Wesens erlaubt uns, unserer Umgebung wie uns selbst mit Wärme, Empfindsamkeit und Offenheit zu begegnen, anstatt uns mit Vorurteilen, Feindseligkeit und Widerstand zu belasten. Es ist eine weit tiefergehende Eigenschaft als das Mitleid. Es ist ein tief im Herzen empfundenes Gespür für die Würde, das Wohlergehen und die Integrität jedes einzelnen Lebewesens unserer Welt – von der kleinsten Kreatur bis zum größten und mächtigsten Menschen.

Kein Wesen auf der Welt ist frei von diesem Bedürfnis nach Mitgefühl, denn kein Wesen ist frei von Schmerz. In Momenten des Leidens – Tod, Krankheit, Verlust – sehnen wir uns nicht nach Rezepten, Verschreibungen und Ratschlägen. Geheilt werden wir von der liebenden Anwesenheit eines anderen. Ein wunderbarer Bericht in diesem Kapitel zeigt, wie viel mehr eine freundliche Berührung ausrichten kann, als die ganze wunderbare Kraft eines in der Kampfkunst ausgebildeten Meisters. Die größte menschliche Kunst, die Güte, ist eigentlich sehr einfach, und doch bringt sie für uns selber wie für andere ungeheure Integrität und Würde mit sich. Es gibt keine Schranke, keine Hürde, die nicht mit genügend Herzensgüte und Mitgefühl überwunden werden könnte. Unsere Fähigkeit, das zu verkörpern, zeigt sich in der spirituellen Stärke, die die Welt verwandeln kann.

Liebe ist nichts für Feiglinge. Sie hat keine Schwäche, sondern eine große Stärke. Zuzeiten sind wir mit unseren eigenen Schmerzen und Problemen nicht mehr fähig zu genügend Mitgefühl, uns selber, geschweige denn andere zusammenzuhalten. Dennoch präsentiert das Leben uns weiter die unzähligen Momente, in denen wir immer größere Tiefen des Mitgefühls finden können. Das nötige Mitgefühl kann aus ganz unerwarteten Quellen kommen, vom Wind oder von Tieren, wie in der Delphingeschichte im folgenden Kapitel. Oder es kann sein, daß wir unsere Verbundenheit in Geschäftigkeit, Ambitionen oder Stolz verlieren und dann wiederfinden, wenn wir stolpern und auf der Erde landen. Es ist stets ganz einfach, wenn wir uns und die in unserer Nähe in Freundlichkeit berühren, so als würden wir sie ein letztes Mal sehen, mit Vergebung für alle Enttäuschung und voller Liebe. In diesem lebendigen Mitgefühl geschehen ganz bemerkenswerte Dinge.

Wir wissen, wie sich Ärger, Haß und Entfremdung anfühlen. Wir wissen, wie es sich anfühlt, von Liebe erfüllt zu sein, von Freundlichkeit und Wärme, und wie stark uns diese Gefühle miteinander verbinden. Unsere eigenen Geschichten sind unsere größten Lehrer. Sie zeigen auf das, was wir in unserem Herzen entwickeln und was wir loslassen müssen. Wenn wir aus unseren Geschichten lernen, fragen wir nicht: „Wie kann ich mitfühlender sein?" Wir erkennen vielmehr dankbar, daß wir uns gar nicht leisten können, ohne Mitgefühl zu leben. Ganz egal, wie berechtigt der eigene Ärger und Groll auch sein mag, wir müssen unser Herz den Worten Mahatma Gandhis öffnen: „Auge um Auge ist ein furchtbarer Weg, die Welt blind zu machen."

Mitgefühl ist kein Ziel irgendwo in der Zukunft, noch notwendigerweise ein Ergebnis großer spiritueller Anstrengung. Die Gelegenheiten für Mitgefühl, ein offenes Herz, eine Berührung des eigenen oder anderen Herzens sind zahlreich. Sie stecken gerade in jenen Momenten, in denen wir mit Haß, Vorwürfen oder Voreingenommenheit reagieren. In solchen Augenblicken können wir uns fragen, ob wir wirklich in den Bahnen von Entfremdung und Schmerz reisen müssen oder ob es uns nicht möglich ist, in uns die Vergebung und oder Anteilnahme zu finden, die uns die Berührung mit einem anderen Herzen erlauben.

Vielleicht schließen wir im Verlauf des folgenden Kapitels irgendwann einmal die Augen, um nachzudenken, um Rückschau zu halten über unser eigenes Leben, und führen uns zwei gute Taten, die wir getan haben, vor Augen, zwei Dinge, an die wir eine glückliche Erinnerung haben, von denen wir, auch wenn wir heute sterben müßten, wissen, daß sie gut waren. Wenn wir sie finden und betrachten, entdecken wir wie jeder andere auch, wie einfach sie waren. Die Momente, in denen wir für einen anderen Menschen da waren und sagen konnten: „Ich liebe dich", ihren Schmerz mit unserer Güte berührten, der Mut und die einfache Kraft, voll da zu sein für und mit anderen Menschen. Das sind die Momente, die das Leben menschlich machen.

Die Geschichten über Vergebung und Mitgefühl im folgenden Kapitel können uns inspirieren, das eigene Leben einmal neu anzusehen und zu fragen, wo in unseren Beziehungen Möglichkeiten zu Heilung gegeben sind, uns, ohne sofort ein Urteil zu fällen, freundlich und empfindsam zu fragen, wo wir Ärger, Voreingenommenheit und Wut im Herzen tragen. Können wir das abgeben? Können wir den natürlichen Glanz unseres eigenen Mitgefühles ausstrahlen und das andere Herz berühren? Können wir sogar jene betrachten, die leiden und Gewalt für uns oder die Welt erzeugen, und sie sehen, wie ihre

Mütter sie sahen, als sie Kinder waren? Können wir den darunterliegenden Schmerz, die Verwirrung und Angst als Ursachen der Gewalt erkennen, die dann verbreitet wurde, und durch all das hindurch die fundamentale Sehnsucht, die alle Menschen gemeinsam haben? Das ist die Grundlage für die Transformation des Herzens.

Granpa und Granma hatten Verständnis, und deshalb hatten sie Liebe. Mit den Jahren, sagte Granma, wird das Verstehen tiefer und ihrer Ansicht nach alles übertreffen, was normale Sterbliche ausdenken oder erklären könnten. Sie nannten das „Verwandtschaft".

Granpa sagte, damals vor seiner Zeit meinte „Verwandtschaft" alle Leute, die du verstandest und die mit dir einer Gesinnung waren; eigentlich bedeutete es „geliebte Leute". Doch die Leute wurden egoistisch und engten es ein, so daß es nur noch blutsverwandte meint. Tatsächlich aber war es nie so gemeint gewesen.

Granpa sagte, als er ein kleiner Junge war, hatte sein Pa einen Freund, der oft zu ihrer Blockhütte kam. Das war ein alter Tscherokese mit Namen 'Coon Jack, der immer streitsüchtig und schlechter Laune war. Er hatte keine Ahnung, was sein Pa am alten 'Coon Jack finden konnte. Er sagte, sie gingen unregelmäßig zum kleinen Kirchhaus unten in der Niederung. Am Sonntag war Bekenntniszeit, dann standen die Leute auf, wenn sie fühlten, daß der Herrgott sie rief, und bekannten ihre Sünden und wie sehr sie den Herrn liebten.

Bei dieser Bekenntniszeit also, sagte Granpa, stand 'Coon Jack auf und sagte: „Ich hör' sagen, da sind welche hier, die hinter meinem Rücken über mich geredet haben. Ihr sollt wissen, daß ich das mitkriege. Ich weiß, was mit euch los ist; ihr seid neidisch, weil das Diakonat mir den Schlüssel zum Gesangbuchkasten anvertraut hat. Also, laßt euch gesagt sein, wem das nicht paßt, der macht Bekanntschaft mit meinem Freund hier in meiner Tasche."

Das sah 'Coon Jack ähnlich, sagte Granpa, denn der hob sein Lederhemd, unter dem ein Pistolengriff zu sehen war. Er war kreuzwütend.

Das Kirchhaus war voll von harten Männern, unter ihnen auch sein Pa, sagte Granpa, und die würden dich schon erschießen, weil der Wind sich dreht, aber niemand zuckte mit der Wimper. Er sagte, sein Pa stand auf und sagte: „'Coon Jack, jeder hier bewundert dich, wie du den Schlüssel zum Gesangbuchkasten aufbewahrt hast. Die beste Verwahrung, die es je gab. Wenn es Gerede gab, ein Mißverständnis, das dir Sorgen bereitet hat, erkläre ich hier und jetzt, daß es allen Anwesenden leid tut."

'Coon Jack setzte sich und war wieder ganz versöhnlich und zufrieden wie alle anderen auch.

Auf dem Heimweg fragte Granpa seinen Pa, warum 'Coon Jack solche Reden von sich geben durfte, und Granpa sagte, wie er lachen mußte, daß 'Coon Jack sich so aufspielte mit dem Schlüssel für den Gesangbuchkasten. Er sagte, sein Pa hatte ihm gesagt: „Mein Sohn, lache 'Coon Jack nicht aus. Weißt du, als der Tscherokese aus seiner Heimat vertrieben wurde, war er jung und versteckte sich hier in den Bergen und kämpfte ums Überleben. Als der Bürgerkrieg kam, dachte er, jetzt könne er vielleicht gegen dieselbe Regierung kämpfen und Land und Haus zurückgewinnen. Er kämpfte hart. Beide Male verlor er. Als der Krieg aus war, kamen die Politiker und versuchten zu bekommen, was von dem, was wir gehabt hatten, übrig war. 'Coon Jack kämpfte und floh und versteckte sich und kämpfte aufs neue. Weißt du, 'Coon Jack ist in einer Zeit des Kampfes aufgewachsen. Der Schlüssel zum Gesangbuchkasten ist alles, was er jetzt noch hat. Und wenn es aussieht, als ob 'Coon Jack auf Streit aus ist ... nun, das ist so, weil es nichts mehr zu kämpfen gibt für 'Coon Jack. Er hat nie etwas anderes gekannt."

Granpa sagte, wegen 'Coon Jack könnten ihm gleich die Tränen kommen. Hinterher sagte er noch, es spielte keine Rolle, was 'Coon Jack sagte oder tat ... er liebte ihn, weil er ihn verstand. Granpa sagte, dies sei „Verwandtschaft", und die meisten tödlichen Probleme der

Leute kämen daher, daß sie sie nicht praktizierten; daher und von den Politikern.

Das konnte ich sofort einsehen, und fast kamen auch mir die Tränen wegen 'Coon Jack.

Forrest Carter

EIN BRUDER FRAGTE ABBA MATOES: „Was soll ich tun? Meine Zunge bereitet mir Schwierigkeiten, und ich kann sie nicht im Zaune halten, wenn ich unter Leuten bin. Ich verurteile all ihre guten Taten und widerspreche ihnen. Was soll ich also tun?"

Der Alte antwortete ihm: „Wenn du dich nicht beherrschen kannst, dann meide die Leute und lebe allein. Denn das ist eine Schwäche – jene, die mit anderen zusammenleben, sollten nicht eckig sein, sondern rund, um sich allen zuzuwenden." Weiter fügte der alte Mann hinzu: „Daß ich allein lebe, ist nicht wegen meiner Tugend, sondern wegen meiner Schwäche. Denn, siehst du, jene, die unter den Leuten leben, das sind die Starken."

Wüstenväter

Es gibt einen Mönch, der einem niemals Rat, sondern nur eine Frage gibt. Mir wurde erzählt, daß seine Fragen sehr hilfreich sein könnten. So suchte ich ihn auf. „Ich bin Gemeindepfarrer", sagte ich, „und nehme hier an einer Klausur teil. Könntest du mir eine Frage geben?"

„Aber ja", antwortete er. „Meine Frage lautet: ‚Was brauchen Sie?'"

Ich ging enttäuscht fort. Einige Stunden verbrachte ich mit der Frage, schrieb Antworten nieder, doch schließlich kehrte ich wieder zu ihm zurück.

„Entschuldige bitte. Vielleicht habe ich mich nicht klar ausgedrückt. Deine Frage war hilfreich, doch während dieser Klausur bin ich nicht so sehr daran interessiert, über mein Pfarramt nachzudenken. Statt dessen möchte ich mich ernsthaft meinem eigenen spirituellen Leben widmen. Könntest du mir eine Frage für mein eigenes spirituelles Leben geben?"

„Ah, ich verstehe. Dann lautet meine Frage: ‚Was brauchen Sie *wirklich*?'"

Vater Theophanus

Mitten in die laue Nacht Indiens platzte ein Eindringling durch die Bambustür der einfachen Lehmhütte. Es war ein Impfbeamter von der Regierung, der den Auftrag hatte, den Widerstand gegen die Pockenimpfung zu brechen. Lakshmi Singh erwachte mit einem Schrei und huschte in ein Versteck. Ihr Mann sprang aus dem Bett, ergriff eine Axt und scheuchte den Eindringling vom Hof.

Draußen wurde Mohan Singh von einem Trupp Ärzten und Polizisten rasch überwältigt. Kaum lag er am Bodden, stieß ein zweiter Impfbeamter ihm die Pockennadel in den Arm.

Mohan Singh, ein 40jähriger drahtiger Anführer des Stammes Ho, wand sich unter der Nadel, worauf die Impfstelle zu bluten begann. Die Regierungsmannschaft hielt ihn fest, bis genügend Impfstoff injiziert war; dann packten sie seine Frau. Mohan Singh hielt kurz inne, um den Impfstoff auszusaugen, bevor er eine Bambusstange vom Dach herunterriß und auf die Fremden losging, die seine Frau festhielten.

Während zwei Polizisten ihn zurückstießen, überwältigte das restliche Kommando die ganze Familie und impfte einen nach dem anderen. Lakshmi Singh biß dem einen Arzt tief in die Hand, aber es nützte nichts.

Als alles vorbei war, versammelte sich unser Impfteam auf dem kleinen Hof. Mohan Singh stand mit seiner erschöpften Familie neben der zerbrochenen Haustür. Wir sahen uns schweigend über eine kulturelle Schranke hin an, keine Seite wußte, was als nächstes zu tun sei. So ein Vorkommnis – einen nächtlichen Überfall mit gewaltsamer Pockenimpfung – hatte es noch nie gegeben.

Mohan Singh warf einen Blick über seinen durcheinander geratenen Haushalt und dachte nach. Einen Moment zögerte er. Dann ging er auf sein kleines Gemüsebeet zu und bückte sich, um die einzige reife Gurke an der Ranke zu pflücken. Er befolgte das Gastfreundschaftsgesetz seines Stammes und ging auf den verdutzten jungen indischen Arzt zu, den seine Frau gebissen hatte, und reichte ihm die Gurke.

Ich stand im Schatten und versuchte, den Sinn dieser seltsamen Begegnung zu enträtseln. Ich wandte mich an Zafar Hussein, einen muslimischen Arzthelfer, den die indische Regierung mir als Führer und Übersetzer beigestellt hatte. Was um alles in der Welt hatte die Gurke zu bedeuten? In Hindi gab Zafar meine Frage an einen der Impfer, einen westlich erzogenen Ho-Jugendlichen weiter, der Mohan Singh in dem Stakkato-Rhythmus der tonalen Ho-Sprache herausforderte.

Mit großer Würde stand Mohan Singh da, stocksteif wie ein Besenstiel. Inzwischen war das ganze Dorf wach, die Leute standen um den Hofschauplatz herum, während die aufgehende Sonne den Fortgang des Dramas erleuchtete. Mit sorgfältig gewählten Worten begann Mohan Singh:

„Mein Dharma (religiöse Pflicht) besteht darin, mich Gottes Willen hinzugeben. Nur Gott kann entscheiden, wer krank wird und wer nicht. Es ist meine Pflicht, mich eurer Einmischung in seinen Willen zu widersetzen. Wir müssen uns euren Nadeln widersetzen. Wir würden im Widerstand sterben, wenn das nötig ist. Meine Familie und ich haben nicht nachgegeben. Wir haben unsere Pflicht getan. Wir können stolz darauf sein, daß wir in unserem Glauben festgeblieben sind. Es ist keine Sünde, wenn man mitten in der Nacht von so vielen Fremden überwältigt wird. Ihr hingegen seid gekommen und habt mir gesagt, daß es euer Dharma ist, diese Krankheit mit euren Nadeln zu verhindern. Wir haben euch weggeschickt. Heute nacht habt ihr Gewalt angewendet. Ihr sagt, ihr handelt in Übereinstimmung mit eurer Pflicht. Ich habe in Übereinstimmung mit meiner gehandelt. Es ist vorbei. Gott wird entscheiden. Jetzt seid ihr, wie ich es sehe, Gäste in meinem Haus. Es ist meine Pflicht, Gäste zu bewirten. Zu dieser Zeit habe ich wenig anzubieten. Außer dieser Gurke."

Ich fühlte mich betäubt und zerrissen. Einen Moment fragte ich mich, ob ich auf der falschen Seite war. Mohan Singh war so fest in seinem Glauben, und doch war keine Spur von Ärger in seinen Worten. Ich suchte in den Gesichtern meiner Kameraden, ob jemand auf die Herausforderung von Mohan Singh antworten würde. Gedemütigt von der Glaubenskraft Mohan Singhs starrten alle auf den Boden.

Lawrence Brilliant

BEI DER DRITTEN SABBATMAHLZEIT, dem traulichen und heiligen Gemeinschaftsmahl, saßen die Chassidim an Rabbi Wolfs Tisch, ihr Gespräch nur leise und mit verhaltenen Gebärden fortspinnend, um den in Sinnen versunkenen Zaddik nicht zu stören. Es war aber der Wille Rabbi Wolfs und der Brauch im Haus, daß jedermann jederzeit eintreten und sich an seinem Tisch niederlassen durfte. So kam auch jetzt ein Mann und setzte sich zu den anderen, die ihm Platz machten, wiewohl ihnen seine derben Sitten bekannt waren. Nach einer Weile zog er einen großen Rettich aus der Tasche, schnitzelte sich einen Haufen mundgerechter Stücke zusammen und begann sie schmatzend zu verzehren.

Nun konnten seine Nachbarn ihre Erbosung nicht länger niederhalten. „Du gefräßiger Kerl", fuhren sie ihn an, „wie wagst du's, mit deinen Schankhausmanieren die erhabene Tafel zu beleidigen?" Obgleich sie sich mühten, ihre Stimme zu dämpfen, merkte der Zaddik, was vorging. „Ich habe ein Verlangen", sage er, „nach einem guten Rettich. Könnte wohl jemand von euch mir einen verschaffen?" Jäh ergriffen von einer Freude, die seine Beschämung überströmte und begrub, reichte der Rettichesser eine Handvoll Schnitzel Rabbi Wolf hinüber.

Chassidisch

ES WAR EINMAL EIN MANN, der starb und sich an einem wunderschönen Ort wiederfand, umgeben von allem erdenklichen Komfort. Ein Mann im weißen Jackett kam auf ihn zu und sagte: „Sie können alles haben, was Sie wollen – alle Speisen – alle möglichen Vergnügen – alle Arten von Unterhaltung."

Der Mann war hocherfreut. Tagelang probierte er von all den Delikatessen und Erfahrungen, von denen er auf Erden geträumt hatte. Doch eines Tages wurde ihm das alles langweilig, und er rief den Wärter zu sich und sagte: „Ich bin dies alles müde. Ich brauche etwas zu tun. Welche Art von Arbeit kannst du mir geben?"

Der Wärter schüttelte traurig den Kopf und antwortete: „Es tut mir leid, mein Herr. Das ist das einzige, was wir nicht für Sie tun können. Es gibt hier keine Arbeit für Sie."

Worauf der Mann entgegnete: „Eine schöne Bescherung. Ebensogut könnte ich in der Hölle sitzen."

Der Wärter sagte sanft: „Was glauben Sie, wo Sie sind!"

Margaret Stevens

ICH WUSSTE, daß es dort viele interessante Stätten gab, aber ich hatte genug von den *kleinen* Antworten. Ich wollte die große Antwort. So bat ich den Gastherrn, mir das Haus des Christengottes zu zeigen.

Ich setzte mich hin, ganz gewillt, auf die große Antwort zu warten. Den ganzen Tag über verharrte ich schweigend, bis lange in die Nacht. Ich sah Ihm ins Auge. Ich vermute, Er sah mir ins Auge. Spät, spät in der Nacht schien ich eine Stimme zu hören: „Was läßt du aus?" Ich schaute mich um. Noch einmal hörte ich: „Was läßt du aus?" War das meine Einbildung? Schon bald war es überall um mich herum, es flüsterte, es brüllte: „Was läßt du aus? *Was läßt du aus?"*

War ich übergeschnappt? Es gelang mir, auf die Beine zu kommen und den Weg zur Tür zu finden. Vermutlich wünschte ich mir den Trost eines menschlichen Gesichts oder einer menschlichen Stimme. In der Nähe war der Korridor zu den Mönchsquartieren. Ich klopfte an eine der Zellen. „Was willst du?"

„Was lasse ich aus?"

„Mich."

Eine dritte und vierte Zelle, jedesmal dasselbe.

„Sie sind alle nur mit sich selbst beschäftigt", dachte ich bei mir. Angewidert verließ ich das Gebäude. Gerade ging die Sonne auf. Bisher hatte ich noch nie zur Sonne gesprochen, aber nun hörte ich mich selber flehen: „Was lasse ich aus?"

Auch die Sonne antwortete: „Mich." Das erledigte mich.

Ich warf mich flach auf den Boden. Da sagte auch die Erde „Mich"!

Vater Theophanus

EINIGE ALTE MÄNNER kamen zu Abba Poemen und sprachen zu ihm: „Sage uns, wenn wir Brüder sehen, die während des heiligen Offiziums dösen, sollten wir sie kneifen, damit sie wach bleiben?"

Der Alte antwortete ihnen: „Also, wenn ich einen Bruder schlafen sähe, würde ich seinen Kopf auf meine Knie legen und ihn ruhen lassen."

Wüstenväter

51

6

DER TRIUMPH DES MENSCHLICHEN HERZENS

Selbst in der schlimmsten Landschaft menschlicher Dunkelheit und Not gibt es Leuchttürme, die ihr Licht aussenden. Das sind nicht notwendigerweise besonders mächtige oder heilige Leute, die grandiose Strategien zur Weltverbesserung besitzen. Meist sind es ganz einfache, gewöhnliche Menschen, die in intimen Begegnungen mit einem tragischen Geschick, Unrecht oder Terror transformiert wurden und gelernt haben, auf ihre Umgebung mit der Schlichtheit und Kraft ihres Glaubens, ihrer Liebe und Ihres Mitgefühls zu antworten. Es gibt keine größere Macht als die Liebe, keinen Schatten, der der Macht des Mitgefühls standhalten, keinen Dämon, der die Macht der Offenherzigkeit überwältigen könnte. Das Beispiel solcher Menschen öffnet uns die Augen für die Möglichkeiten, wie wir Licht in unsere eigenen Schatten bringen können.

Ob wir eine mächtige Position innehaben, wie der König in einer der Geschichten dieses Kapitels, oder ob wir arm sind wie der Dorfbewohner einer anderen, wir werden geprüft werden. Immer wieder werden wir in unserem Leben aufgefordert, den Geist der Größe, des Mitgefühls, der Offenherzigkeit herbeizurufen. Vielleicht ist das der Grund, warum wir hier sind, nämlich diese einfache Lektion zu lernen. Am Ende macht uns weder die Stärke glaubwürdig, auf die wir zurückgreifen können, noch unsere Errungenschaften noch die Ideale, für die wir kämpfen und die wir vertreten, sondern unser Menschsein an sich. Unsere grundlegende Gewöhnlichkeit liegt allem zugrunde, was wir erreichen und erfahren, denn die Tatsache bleibt, daß auch wir, wie die Jahreszeiten, Sonne und Mond und alle anderen Lebewesen, geboren sind und sterben. Wir wachen am Morgen auf und gehen am Abend schlafen. Wir essen und gehen und fühlen tief in uns die Kostbarkeit und das Geheimnis eben dieses unseres Menschseins.

In uns haben wir aber auch eine außergewöhnliche Gabe – unsere Fähigkeit zur Aufmerksamkeit. Das ist der Segen, der uns erlaubt, auszuwählen, die uns gegebenen Möglichkeiten zu erspüren. Sie ermächtigt uns, aus den Prüfungen des Lebens zu lernen und an ihnen zu wachsen, statt von ihnen verschlungen zu werden. Die Gabe unserer Bewußtheit bedeutet, daß wir uns nicht von Schutzinstinkten und Feindseligkeit treiben lassen müssen, sondern unsere Fähigkeiten, zu verzeihen und zu verstehen, pflegen können.

Wir haben die Tiefen und Möglichkeiten unserer eigenen Bewußtheit noch nicht ausgelotet. Wie nah können wir einem anderen Menschen kommen? Wie tief können wir den Wind fühlen, dessen Berührung uns nur so leise zu streifen scheint? Wie sehr können wir auf die wechselnden Rhythmen des Universums eingestimmt sein? Wie weit reicht die Freiheit, die wir erfahren können? Das einzige, das an unserer Bewußtheit sicher ist, ist, daß sie alle Entfernung beseitigt, falsche Vorstellungen und Oberflächlichkeit hinwegfegt und uns mit dem Herzen des Lebens in Kontakt bringt. Sie erlaubt uns, den Prüfungen unseres Lebens mit der Größe des Herzens zu begegnen.

Denken wir beim Lesen der Geschichten dieses Kapitels über die Herausforderungen nach, die uns das Leben stellt. Rufen wir uns die Zeiten ins Bewußtsein, zu denen wir geprüft wurden, und erinnern wir uns an die Kräfte, die uns durch diese Prüfungen hindurchgebracht haben. Wie wäre es, diese Prüfungen mit der höchsten Menschlichkeit anzugehen, verletzlich und in dieser äußersten Ehrlichkeit stark und ausgeglichen im Herzen zu sein? Haben Unwürdigkeit, Ehrgeiz, Angst oder Stolz uns gehindert, aus den Herausforderungen zu lernen und an ihnen zu wachsen? Welche anderen Eigenschaften haben wir in unserer Macht, denselben Herausforderungen so zu begegnen, daß es einen echten Unterschied machen würde?

Es war einmal ein gütiger König. Er war wohlhabend und geachtet, und sein Königreich war in Frieden. Doch er war nicht zufrieden. Er war nicht glücklich. Vom Fenster seines Thronsaals schaute er über die gepflegten Rasenflächen und baumgesäumten Straßen seiner Stadt bis hin zu den grünen Feldern seines Landes. Er seufzte: „Ich möchte so gerne wirklich geben", sagte er. „Das Leben ist kurz. Selbst die tugendhaften Götter leben nicht ewig. Auch wenn ich meine Erfolge hatte, habe ich doch nie wirklich mich selbst gegeben." Nun, das stimmte nicht ganz. Für das Wohl seines Landes hatte er seine ganze Zeit gegeben, seine Energie und seinen Mut. Geduldig und freundlich hatte er sich die täglichen Sorgen und Nöte seiner Bevölkerung angehört und sie weise regiert. Aber wer gut ist, weiß es vielleicht selber kaum. Wenigstens scheint es so mit diesem König Sivi gewesen zu sein.

Shakra, der König der Götter, hörte seine Klage und dachte bei sich: „Bisher hat dieser König Sivi ein gutes Leben gelebt. Die Tore des Himmels werden sich ihm gewiß öffnen, wenn seine Jahre auf der Erde vorüber sind. Trotzdem verlangt er jetzt nach einer einschneidenden Prüfung. Ohne eine Herausforderung siechen die Starken dahin, und Sivi ist stark auf dem Gebiet des Gutseins. Seine zahlreichen guten Taten auf Erden haben ihm hier bei uns bereits ausgedehnte Paläste und Gärten eingebracht, in denen er viele Tausende von Erdenjahren wohnen wird. Und trotzdem scheint nun eine Prüfung angebracht. Aha!" rief Shakra aus, „ich hab's!"

Plötzlich verwandelte der König der Götter sich selbst. Wo er nur einen Moment zuvor – ein Moment nach himmlischer Zeitrechnung könnte so zwei oder sogar drei Erdenwochen betragen – in aller Pracht auf seinem Thron gesessen hatte, in seinen Roben und mit der Juwelenkrone, hockten nun zwei Vögel. Einer davon war eine sanfte, grauäugige Taube, die mit weicher, melodischer Stimme sang. Der andere war ein feuriger Habicht mit gelben Augen, messerscharfen Klauen und einem grausamen Schnabel. Der Habicht plusterte seine Federn auf und sah mit stechendem Blick zu dem leuchtenden göttlichen Licht der oberen Reiche auf.

55

Die Taube gurrte sanft, schlug mit den Flügeln und schoß durch die Wolken nach unten. Schneller und immer schneller sauste die kleine glänzende Taube davon. Weiter und weiter nach unten. Und schneller und immer schneller flog der goldäugige Habicht ihr nach. In Kurven und Bögen tauchten sie nach unten zur grünen Erde und auf die Marmorpaläste des Königs Sivi zu.

Schon bald vergaß die Taube, daß sie nur ein Gedanke im Geiste eines Gottes gewesen war. Auch der Habicht erinnerte sich nicht länger daran, daß er nichts als der Traum eines Gottes war. Nun flog er todernst hinter der kleinen Taube her, in dem einzigen Bestreben, sie mit seinen Klauen zu packen, zu reißen und zu verschlingen. Ebenso flog die kleine sanfte Taube in zunehmendem Entsetzen weiter, während die Momente ihres tödlichen Wettrennens dahineilten.

Die Taube erspähte ein offenes Fenster und sauste, der Erschöpfung nahe, hinein. Da saß König Sivi auf seinem Thron aus Gold und Sandelholz. Die entsetzte Taube huschte blitzschnell an die Seite des Königs und ließ sich zitternd auf der geschnitzten Armlehne des Thrones nieder. „Was gibt es, mein Vögelchen?" fragte der König überrascht. „Was erschreckt dich so? Kann ich helfen?"

„O Herr", keuchte die Taube, „ein wilder Habicht ist hinter mir her. Er will mir das Leben nehmen."

„Sei unbesorgt. Ich werde dich retten", sagte der König freundlich. „Ich werde nicht zulassen, daß er dich kriegt."

Genau in diesem Moment platzte der Habicht in den Raum. Er zog die Flügel ein und landete geschwind auf der anderen Thronlehne und begrüßte den König. „Großer König", sagte er, „meine rechtmäßige Beute sitzt neben dir. Ich bin der Jagd müde. Gib mir die Taube, und ich werde in Frieden abziehen."

„Ich kann dir die Taube nicht geben", sagte der König, „ich habe ihr meinen Schutz versprochen."

„Das ist schön und gut", sagte der Habicht, „aber was ist mit meinem Recht? Ich bin ein Jagdvogel. Tauben sind meine Nahrung. Du hast mich dessen beraubt, was rechtmäßig mein ist, und ohne Nahrung werde ich noch heute nacht Hungers sterben."

„Nun, ich kann dich nicht verhungern lassen", sagte der König betroffen. „Ich werde dir etwas anderes zu fressen geben. Sage mir, was du brauchst."

„Ich brauche frisches Fleisch für mein Überleben", sagte der Habicht. „Könntest du wirklich ein anderes Geschöpf töten, nur um mich zu füttern? Irgendwie glaube ich das nicht. Komm", so sagte er schließlich, „gib mir die Taube. Das ist das einfachste."

„Das stimmt", dachte der König. „Ich könnte kein anderes Wesen töten, um ihm Nahrung zu beschaffen. Er hat recht. Das wäre überhaupt keine Lösung! Trotzdem kann ich ihn die Taube nicht haben lassen. Er wird sie töten. Aber wenn ich nicht zulasse, daß er sie bekommt, wird er selber sterben müssen. Welches Recht habe ich, auch nur einen Habicht in meiner Gegenwart verhungern zu lassen? Als lebendes Wesen mit einem Platz im Plan der Dinge verdient auch er meine Hilfe." Der König saß schweigend da und zupfte sich den Bart. Dann sprang er plötzlich auf und verkündigte: „Ich hab's!"

„Wilder Habicht", sagte er, „ich habe einen Plan. Du sollst Nahrung bekommen, die Taube soll frei bleiben, und kein anderes Wesen braucht getötet zu werden."

„Wie lautet dein Plan?" fragte der Habicht mißtrauisch.

„Ganz einfach", erklärte der König. „Ich werde dir ein Stück von meinem eigenen Fleisch gegen. Es soll genau so viel wiegen wie der Körper der Taube, so wirst du bei dem Handel nichts verlieren. Wirst du dem zustimmen?"

„Ja", sagte der Habicht, „vorausgesetzt, daß das Stück, das du mir gibst, genau so viel wiegt wie die Taube, bin ich es zufrieden."

„Gut. Du hast mein Wort."

Aus der Schatzkammer wurde eine goldene Waage gebracht und vor dem Thron aufgestellt. Die kleine Taube wurde in eine der beiden Waagschalen gesetzt. Für den Habicht wurde eine silberne Vogelstange gebracht und ein kleines goldglänzendes Tablett vor ihn gestellt. Dann wurden die weinenden Edelfrauen aus dem Raum geschickt. Die Ärzte und Höflinge stritten mit dem König. Sie flehten ihn an, im Namen der Vernunft einzuhalten. Doch der König war entschlossen.

„Ich werde geben, was ich kann", sagte er. „Schließlich, wieviel kann ein kleiner Vogel schon wiegen?"

Auf einem bestickten Kissen wurde ein scharfes Messer mit Intarsiengriff hereingetragen. Es wurde still im Saal. König Sivi nahm das Messer. Dann schnitt er sich in entsetztem Schweigen eine Scheibe Fleisch aus dem Muskel seines Oberschenkels und legte es auf die Waage. Hellrotes Blut rann sein Bein hinunter, doch kein einziger Laut kam über seine Lippen. Er beobachtete den Zeiger. Doch die Waage rührte sich nicht! Die Seite mit der Taube stieg um kein Bißchen in die Höhe! Ohne mit der Wimper zu zucken, schnitt der König weiteres Fleisch von seinem Schenkel ab. Jedoch die goldene Waagschale stieg wieder nicht an. Ohne zu zögern schnitt und schnitt er weiter, so lange, bis beide Schenkel wie Stöckchen waren. Dann schnitt er sich Fleisch vom linken Arm. Die Waage stieg immer noch nicht an. Zu schwach um weiterzuschneiden, ließ er das Messer sinken und seinen ganzen Körper in die mittlerweile bluttriefende Schale legen.

„Genug!" riefen Habicht und Taube zusammen in einer einzigen Stimme aus. Den Saal erfüllte ein goldenes Licht. Beide Vögel waren verschwunden! In der Mitte des Raumes schwebte Shakra, der König der leuchtenden Götter. Und neben ihm stand König Sivi fest auf dem polierten Bodden, in einem Stück und völlig unbeschadet.

„Edler König", sagte der Gott, „du bist geprüft worden, wie wenige jemals geprüft wurden. Und du hast edel bestanden. Dafür sollst du ein langes Leben haben, und dein Königreich soll in Frieden sein. Später wirst du viele tausend Jahre in meiner Nähe in den höchsten Himmeln weilen, bevor du wieder auf diese Erde zurückkehrst. Möge es dir wohlgehen, o König, denn heute hast du in der Tat wohlgetan." Und Shakra verschwand, wie es seine Art ist, ohne eine Spur zu hinterlassen.

Da kamen die Leute des Reiches zum König gelaufen, umarmten ihn und weinten vor Freude. Und alles geschah, wie Shakra es angekündet hatte. Viele, viele Jahre lang herrschten Frieden und Harmonie.

Schließlich dann ging König Sivi wirklich, um mit den Göttern zu leben. Doch oft, wenn er in der Pracht am Fenster seines glanzvollen

Palastes saß, sah er voller Liebe auf die Erde mit all ihren Lebewesen herunter. Dann dachte er auch voller Freude an den Tag, wann er wieder auf der Erde zurück sein würde. Welche Zufriedenheit kann ein gütiges Herz schließlich im Himmel empfinden? So kehrte, als die Zeit gekommen war, König Sivi wieder zurück.

Traditioneller Buddhismus

Als ich mein Augenlicht verlor, war ich sehr selbständig und gesammelt gewesen. Ich zog fünf Kinder groß. Ich arbeitete und war ehrenamtlich in meiner Gemeinde tätig. Ich war unabhängig genug, eine Scheidung aus einer schlechten Ehe in Betracht zu ziehen – einem Anwalt hatte ich sogar schon 500 Dollar bezahlt –, kurz bevor ich ins Hospital mußte.

Es hatte damit angefangen, daß ich merkte, wie ich Gegenstände umstieß und herumstolperte. Ich ging zu einem Augenspezialisten, einem Neurologen, einem Radiologen, dann einem Neurochirurgen. und schließlich sagte ein Arzt: „Sie haben ein Geschwulst im Gehirn. Wenn sie es nicht operieren lassen, wird es weiterwachsen, und es wird ihr Leben kosten." Einfach so.

Die Operation dauerte siebeneinhalb Stunden. Der Arzt sagte, zweimal hätte er mich fast verloren. Er entfernte einen hühnereigroßen Tumor. Alles, was ich sehen konnte, war der schwachste Schimmer von Licht.

Es traf mich erst mit voller Wucht, als ich zu Hause ankam. Ich erkannte mich nicht wieder. Ins Hospital ging ich mit langen Haaren; heraus kam ich mit kurzen. Hinein mit 145 Pfund, heraus mit 175 und in einem Kleid meiner Mutter. Ich ging hinein und konnte sehen, ich kam heraus und sah nicht mehr. Das war nicht ich. Und zu Hause waren die Dinge schlecht bestellt. Jetzt konnte ich keine Scheidung bekommen, dafür war ich zu abhängig. Ich versuchte, Sachen selber zu machen, was aber oft nur noch mehr Probleme auslöste. Meine jüngste Tochter wollte nicht mehr mit mir zusammen auf der Straße gesehen werden. Sie schämte sich. Ich war so bitter. Doch ich schob meine Gefühle immer wieder fort. Was war geschehen? Warum mir? Ich wollte nur da raus.

Eines schönen Tages im Herbst sagte ich meinem Mann, daß ich nach draußen gehen wollte. Ich fuhr mit dem Fahrstuhl nach unten und ging aus dem Haus. Ich ging bis zur Straßenecke und blieb einfach stehen. Dort stand ich in der Erwartung, er würde mir jede Minute nachkommen. Er kam nicht. Ich stand einfach da an der Ecke.

An jener Ecke geschah sehr viel. Ich sah mein vergangenes Leben. Ich erinnerte mich, wie einsam und hilflos ich mich als kleines Mädchen gefühlt hatte. Und nun war ich da, wieder ganz wie ein Kind, nur daß ich inzwischen fünf eigene hatte. Ich blieb sehr lange dort. Schließlich sagte ich mir: „Also gut, hier bist du nun, und du hast keinen Ort, wo du hingehen könntest. Es ist Zeit, daß du ein wenig Hilfe in dein Leben bringst."

So kam ich dazu, ein Rehabilitationszentrum aufzusuchen. Ich erzählte ihnen alles, was ich durchmachte. Ich gab ihnen alles, meine Scham, meinen Ärger, meine Ängste. Ich fühlte, daß es die Wahrheit war. Aber wenn es die Wahrheit war, wie könnte ich dann hilflos sein? Man leidet nicht unter der Wahrheit. Die Wahrheit befreit einen.

Natürlich war es harte Arbeit, mit den Veränderungen zurechtzukommen. Doch nach einer Weile hast du nichts mehr zu verbergen. Du willst alles ans Licht bringen. Du willst Platz schaffen, um die Hilfe annehmen zu können. Und wenn du mit vielen anderen zusammen bist, die das ebenfalls versuchen, erhältst du große Unterstützung. Wir Blinde, wir halten zusammen: je mehr ich das spürte, um so mehr konnte ich beginnen, selber Hilfe anzubieten, statt nur danach zu fragen.

Ich traf einen jungen Mann, der von Geburt an blind war. Er hatte noch nie eine Geburtstagsparty gehabt. So buk ich ihm einen Kuchen und organisierte ein Fest. Er blies die Kerzen aus, die er nicht sehen konnte. Er war überglücklich. Es war großartig. Ich war so froh. Von der hilflosen Blinden an der Ecke war ich dahin gekommen, das Notwendige erkennen und etwas dafür tun zu können.

Ich sage den Leuten manchmal etwas, was ein bißchen grausam klingt. Jeder sollte zeitweilige Blindheit erfahren, um zu verstehen, wie unser Sehvermögen uns so voreingenommen macht, wie wir urteilen und verurteilen, und was das uns allen antut. Wie dieser Junge mit dem Geburtstagskuchen. Da war ein blindes Mädchen, in das er sich verliebt hatte. Dann sagte jemand, sie sei unattraktiv, und er schaute sie nicht mehr an. Die Tränen kamen mir in die Augen, denn er hatte so wunderbar hingeschaut.

Aber wenn du mit dem inneren Auge zu sehen beginnst, dem inneren Auge, das jeder hat, ändert sich alles. Jeder ist menschlich, jeder ist Gottes Kind. Jeder ist hilflos auf die eine oder andere Weise, und genauso ist jeder auch hilfreich. Wir sind alle füreinander da ... so ist es nun mal. Und wir haben alle etwas zu geben, ganz gleich in welchem Zustand wir sind.

Natürlich gibt es Höhen und Tiefen. Man fängt blind an und streckt die Hände aus. Manchmal ist da nichts, woran man sich festhalten kann, aber man streckt sie weiter aus. Dann lernt man, sich an dem festzuhalten, was man bekommt. Dann findet man jemandes Hand und ergreift sie. Dann sieht man, daß man sich ausstrecken und jemand anderes halten kann. Wenn man einmal begonnen hat, folgt alles weitere. Ich habe es gesehen.

Heute, wenn ich mit Behinderten oder sonst jemandem arbeite, habe ich ein besonderes Verständnis zu teilen. Das ist wirklich alles, was ich anbieten kann. Es läßt sich schwer in Worte fassen. Es ist einfach ein „ich verstehe", das ist alles.

Und doch, so gewiß oder gesichert das klingen mag, ich glaube nicht, daß man jemals wirklich sicher ist. Was ist Sicherheit? Im Handumdrehen kannst du alles verlieren, das weiß ich. Und werde immer noch zittrig. Daher habe ich ein kleines Gebet: daß der Herr mir jemanden schickt, der mir auf meinem täglichen Weg in der U-Bahn beisteht ... und daß Er mir jemanden schickt, mit dem ich meinen Glauben und meine Stärke teilen kann. Beides. So begebe ich mich zur Arbeit. Und gewöhnlich geschieht es so.

Zeitgenössisch christlich

Zweiter Teil
Den Weg finden

Den Weg zu authentischem Erwachen zu finden, ist eine riesige He-
rausforderung. Natürlich hören wir zuerst auf die Stimmen äußerer
Autoritäten, die anscheinend die Antworten auf unsere Fragen besit-
zen. Es wird schon verwirrender, sobald wir entdecken, daß es in der
Welt vor Autoritäten, die uns allzugern Rat, Lösungen und Rezepte
anbieten wollen, nur so wimmelt. Unsere Buchläden platzen aus den
Nähten mit Ratgebern über Glücklichsein, Erfüllung und Befreiung.
Am Anfang mögen wir auf die Weisheit der Erfahrungen anderer hö-
ren und von ihnen lernen. Die Beispiele der Lehrer und Weisen von
gestern und heute können uns inspirieren.

Irgendwann dämmern uns, während wir zuhören, ein paar
Einsichten. Wir sehen, daß keine Autorität allein den heißen
Draht zur Wahrheit hat und es nicht nur einen Weg zum Er-
wachen gibt. Vielleicht wird uns auch klar, daß wir einfach nur
die verschiedenen Melodien hören, durch die die großen spiri-
tuellen Traditionen die eine essentielle Harmonie ausgedrückt
haben. Um diese Harmonie geht es, nicht um die Art und Weise,
wie sie zum Ausdruck kommt. Das gemeinsame Element in
allen, die weise werden, ist, daß sie gelernt haben, dieser Weisheit in
ihren eigenen Herzen zu lauschen, die Harmonie zu vernehmen, die
ihr zugrundeliegt, und ihren eigenen Weg zu reisen.

Niemand kann den Weg für uns reisen, niemand kann an unserer
Statt nach dem Erwachen streben. Im Vertrauen, daß Weisheit, Freude

und Erwachen unser spirituelles Erbe sind, müssen wir entdecken, was das in uns wachruft. Es gibt niemanden da draußen, der uns von Verwirrungen, Ängsten und Identifikationen befreien kann, die unser Leben mit Schmerz überschatten. Wenn wir dieses Alleinsein akzeptieren können, stellen wir fest, daß es kein Alleinsein im Sinne einer Entfremdung oder eines Rückzugs in die Einsamkeit ist. Wir werden bei unserer spirituellen Suche getragen von den Generationen derer aus allen Kulturen, die vor uns gegangen sind, die unser Erforschen begrüßen und inspirieren. Unsere Suche verbindet uns mit den Millionen Weggefährten, die auch heute inneren Frieden und Freiheit suchen. Durch die Bereitschaft, unser Alleinsein kennenzulernen, entdecken wir eine Weisheit und ein Mitgefühl, die uns mit allen anderen in Verbindung bringen.

Es wird Augenblicke geben, in denen wir mit Gefühlen der Hoffnungslosigkeit, Zweifeln und Unzulänglichkeit konfrontiert werden. Wir fragen uns vielleicht, wie wir die scheinbar unüberbrückbare Kluft zwischen Verwirrung und Klarheit überwinden können, zwischen Festhalten und Offensein, Begrenzung und Freiheit. In allen dunklen Momenten müssen wir uns erinnern, daß wir mit der kostbarsten Gabe der Menschheit gesegnet sind – der Fähigkeit zur Aufmerksamkeit. Es ist ein Geschenk, das uns erquicken kann. Die Fähigkeit der Aufmerksamkeit ist die Kraft, bewußt zu sein, wach zu sein und zu transformieren. Es ist eine ungeheure Kraft, die uns befähigt, die uns umhüllenden Schleier der Verwirrung zu durchdringen und die inneren Quellen der Energie, Absicht und Liebe, die in uns schlummern, zu erreichen und nutzbar zu machen.

Indem wir erforschen, was es heißt, bewußt zu sein, lernen wir, mit ganzem Herzen in jedem Moment in uns und allem, was er uns bringt, gegenwärtig zu sein. Die Verbindung mit dem gegenwärtigen Augenblick führt dazu, daß wir unsere Ängste über die Zukunft, über Gewinn oder Verlust, über Haben oder Seinwollen beiseite lassen können. Wir werden fähig, uns von unserer Besessenheit mit unserer Historie und der Bürde unserer verpaßten Gelegenheiten zu befreien.

Unsere Bewußtheit beleuchtet das, was tatsächlich hier ist, in diesem Augenblick. Und jetzt können wir lernen und offen werden.

Jeder Augenblick ist der größte und herausforderndste Lehrer, dem wir im Leben begegnen werden. Es ist ein mitfühlender Lehrer, der uns nicht beurteilt, nicht kritisiert, uns weder an Erfolg noch Versagen mißt. Der gegenwärtige Augenblick ist ein Spiegel, in dessen Bild wir lernen, wie man sieht. In ihn zu schauen, ohne sich etwas vorzumachen, ist die Quelle aller Weisheit. In diesem Spiegel erkennen wir, was Verwirrung und Zwietracht in unserem Leben und was Harmonie und Verstehen entstehen läßt. Wir sehen die Beziehung zwischen dem Schmerz und seiner Ursache von Moment zu Moment, wir sehen den Bund zwischen der Liebe und ihrer Quelle. Wir sehen, was uns verbindet und was uns entfremdet.

In diesem Sehen beginnen wir, aus unseren eigenen Geschichten zu lernen, was uns erfreut und was uns bekümmert. Indem wir nach innen hören und aus den eigenen Geschichten lernen, erkennen wir, daß wir keine Experten brauchen, die uns den Weg zeigen, sondern die eigene klare und direkte innere Einstimmung. Unsere Geschichten enthüllen unseren Weg. Zuhörend können wir verstehen, was wir loszulassen haben und was wir entwickeln müssen, wenn wir ein Leben im Geiste des Friedens und der Freiheit führen wollen.

Unsere eigenen Geschichten unterscheiden sich nur an der Oberfläche oder im Detail von den Geschichten aller Wesen. Es gibt kein Lebewesen, das nicht an unserer Sehnsucht nach Befreiung von Angst und Schmerz teilhätte. Kummer ist Kummer, unabhängig davon, welches Herz ihn zu ertragen hat. Frieden ist Frieden, unabhängig davon, welches Herz darin Freude findet.

Die folgenden Geschichten beschreiben die Schmerzen und Freuden, die die Entdeckung des Weges mit sich bringt. Wenn wir ihnen unser Herz öffnen, werden wir fähig, uns einzufühlen in die Berge, die diese Reisenden erklimmen mußten, die Täler und Gipfel, auf denen sie sich wiederfanden. Sie helfen uns, einmal mehr über das Lernen nachzusinnen, das in unseren eigenen Geschichten jeden Tag zum Leben erwacht.

7
Hier und Jetzt: Einfach mit dem Sein, was ist

Ein volles Leben, wahrhaftig zu lieben, ein weises und zeitlosen Verstehen zu finden – all dies entsteht aus unserer Fähigkeit, das zu erahnen und zu kennen, was Gegenwart ist. Das Herzstück des spirituellen Lebens ist ein Leben in der sich ständig wandelnden Wirklichkeit der Gegenwart. Ein Schild im Casino in Las Vegas drückt das so aus: „Um zu gewinnen, mußt du gegenwärtig sein." Die chassidische Geschichte in diesem Kapitel zeigt uns, daß nicht die äußere Aufmachung zählt, sondern nur die Einfachheit unserer Gegenwart.

Wenn wir mit den Augen der Einfachheit sehen können, wird uns alles enthüllt. Chinesischer Bambus und Bäume aus Neuengland lehren uns Rhythmus und Geheimnis des Lebens. Was brauchen wir mehr – noch mehr Ansichten, mehr Klänge, mehr Düfte, mehr Gedanken? Wir haben Gott weiß schon genug davon. Was wir suchen, findet sich nicht in immer mehr Visionen oder Tönen oder Geschmäckern oder Gedanken, sondern in der lebendigen Wirklichkeit jeden Momentes, dem wir mit Weisheit und Verstehen begegnen. Manche spirituellen Lehrer drücken es so aus, daß es darum gehe, einen Fuß vor den anderen zu setzen oder einen Tag auf einmal zu nehmen. Stellen wir uns vor, lange Zeit von unserem Heimatland, unseren geliebten Freunden, vielleicht sogar von unserem Planeten als Wanderer im Weltraum getrennt gewesen zu sein. Wie außerordentlich es wäre, einfach zurückzukehren und die frische Frühlingsluft zu atmen, unsere Füße auf dem Erdboden zu spüren, die Geburt eines Kindes zu erleben oder das Dahinscheiden des Geistes an jemandes Totenbett. Je intimer wir das anrühren, was gegenwärtig ist, um so weiter werden sich unsere Herzen öffnen und um so mehr werden unsere Kreativität und Freiheit aufblühen und gedeihen.

Der Wirrwarr unserer Leben verblendet uns für die kostbare Einfachheit um und in uns. Zu oft lassen wir uns von unseren eigenen Ansammlungen und Errungenschaften in Ketten legen. Wir leben in Angst vor ihrem Verlust, entwickeln komplexe Strategien gegen Versagen und Benachteiligung. Diese Bürde hindert uns daran, mit leichtem Herzen zu gehen. Der Lärm, den wir durch die eigene Geschäftigkeit erzeugt haben, macht uns taub für das Wunder der Stille.

Die moderne Kultur setzt Einfachheit fälschlicherweise mit Entbehrung gleich und strebt danach, Leben und Denken mit Objekten, Informationen und Zerstreuungen anzufüllen. Stille ist uns unbehaglich geworden, da wir sie mit Fehlen oder Mangel gleichsetzen. Im Netz dieser Komplexität verarmen wir geistig immer mehr. Wenn wir wissen wollen, wie viele Requisiten wir durch unser Leben schleppen, brauchen wir uns nur zu fragen, was uns wirklich fehlen würde, wenn wir plötzlich in eine andere Zeit und an einen anderen Ort versetzt würden. Das wären nicht die vielen Dinge, mit denen wir unsere Koffer füllen, sondern die einfachen Freuden eines geteilten Lachens, geteilten Kummers, die einfache Liebe derer, die uns nahestehen.

Wir brauchen uns nicht ins nächstbeste Kloster zurückzuziehen, all unseren Besitz und unsere Verpflichtungen aufzugeben, um das Wunder der Stille und Weite zu entdecken. Den Asketen können Verwirrung oder Übereifer genauso begleiten wie den Pendler im Berufsverkehr. Wir brauchen uns nicht von der Welt zurückzuziehen, um die wahre Einfachheit des Herzens zu entdecken. Dramatische Gesten sind nicht nötig. „Wenn einer Gutes tun will", sagt William Blake, „muß das Gute in den winzigen Einzelheiten getan werden. Allgemeines Guttun ist das Plädoyer des Heuchlers, Schmeichlers und Schurken." Einfachheit bezieht sich nicht darauf, wieviel wir haben, sondern an wieviel wir festhalten. Einfachheit ist frei von Ambitionen. Sie ist wie das Wasser, das einfach bergab fließt. In dieser Einfachheit gibt es weder Priester noch Ausgestoßene. Der Zen-Buddhismus nennt das „wieder unsere wahre Natur einnehmen".

Einfachheit und Verzicht sind Akte des Mitgefühls – für uns selbst, für die Welt um uns. Gandhi sagte einmal: „In dieser

Welt gibt es genug für jedermanns Bedürfnisse, aber nicht genug für jedermanns Gier." Einfachheit in unserem Lebensstil ist der Ausdruck von Rücksichtnahme und Mitgefühl für die Welt. Einfachheit im Herzen, wenn wir unsere Meinungen und Begierden loslassen, ist ein Ausdruck des Mitgefühls mit uns selbst. Wenn wir unsere Wünsche für die Zukunft aufgeben, die Beschäftigung mit der Vergangenheit und die Strategien zum Schutz der Gegenwart, bleibt nichts anderes als das, wo wir jetzt sind. Die Verbindung mit dem gegenwärtigen Moment herzustellen, heißt anzufangen, die Schönheit wahrer Einfachheit zu würdigen.

Jeder Moment ist einzigartig und daher kostbar. Der Sonnenuntergang heute wird sich nie wiederholen. Die Liebkosung eines Freundes, das Lachen eines Kindes wird nie wieder genau so wiederholt oder empfunden werden. Die Erfahrung des Momentes läßt sich nie wieder einfangen. In der Gegenwart zu sein, ist die einzige Art, das Leben in seiner Fülle zu würdigen und sich von dem Wunder jeden Augenblicks berühren zu lassen.

Die Geschichten in diesem Kapitel sprechen vom Wunder der Einfachheit, von den Offenbarungen, wenn wir wirklich anwesend sind. Wenn wir diese Geschichten über Einfachheit lesen, was ist mit unserem eigenen Leben? In welcher Hinsicht ist es zu verwickelt, überfüllt, zu voreilig? Wie könnte es sein, wenn wir einfacher lebten? Was würden wir weglassen müssen? Was würden wir ändern müssen? Welche Mutmaßungen und Wertvorstellungen, die uns gefangenhalten, sollten aufgegeben werden? Wenn wir uns vorstellen, immer einfacher zu werden, wie würde sich das anfühlen? Wir haben die Fähigkeit in uns, unser Leben selber zu gestalten. Wir können Komplexität oder Einfachheit erschaffen, genauso wie wir Haß oder Liebe und Harmonie erschaffen können. Was braucht es, einen Atem der Einfachheit zu schaffen und den Geist der Unmittelbarkeit und Gegenwärtigkeit in unserer Zeit zum Leben zu erwecken?

Auf ihrer langen Wanderschaft pflegten die Brüder Rabbi Sussja und Rabbi Elimelech, sooft sie in die Stadt Ludmir kamen, bei einem armen und frommen Mann einzukehren. Nach manchen Jahren, unterdes ihr Ruf überallhin gedrungen war, kamen sie wieder einmal nach Ludmir, aber nicht mehr wie einst zu Fuß, sondern im Wagen. Der reichste Mann des Städtchens, der früher nichts von ihnen hatte wissen wollen, fuhr, als die Kunde von ihrem Nahen ihn erreichte, sogleich ihnen entgegen und bat sie, in seinem Haus Wohnung zu nehmen. Sie aber sagten: „An uns hat sich doch nichts geändert, daß Ihr uns mehr zu achten hättet als zuvor. Was neu hinzugekommen ist, sind nur der Wagen und die Pferde. So nehmt die bei Euch auf, uns aber laßt wieder bei unserem alten Gastgeber Herberge suchen."

Chassidisch

Nasruddin war inzwischen ein alter Mann, der auf sein Leben zurückblickte. Er saß mit seinen Freunden im Teehaus und erzählte seine Geschichte. „Als ich jung war, hatte ich ein freudiges Gemüt – ich wollte jedermann ändern. Ich bat Allah um die Kraft, die Welt zu ändern. Im mittleren Alter wachte ich eines Tages auf und erkannte, daß mein halbes Leben vorbei war und ich niemanden geändert hatte. So bat ich Allah um die Kraft, jene in meiner Nähe zu ändern, die es am meisten nötig hatten. Leider, nun bin ich alt und mein Gebet ist einfacher: ‚Allah', bete ich, ‚bitte gib mir die Kraft, wenigstens mich selbst zu ändern.'"

Sufi

WÄHREND DER ZEIT, als das Leben auf der Erde voll war, gab niemand etwas um Ehrenmänner noch wurde einer wegen seiner Begabung ausgesondert. Die Herrscher waren einfach die höchsten Zweige des Baumes, und das Volk war wie die Hirsche im Wald. Sie waren ehrlich und rechtschaffen, ohne zu erkennen, daß sie „ihre Pflicht taten". Sie liebten einander und wußten nicht, daß das „Nächstenliebe" war. Sie betrogen niemanden, wußten aber nicht, daß sie „vertrauenswürdige Menschen" waren. Sie waren zuverlässig und wußten nicht, daß das „guter Glaube" war. Sie lebten frei miteinander im Geben und Nehmen und wußten nichts von ihrer Großzügigkeit. Aus diesem Grund wurden ihre Taten nicht aufgezeichnet. Sie machten keine Geschichte.

Dschuang Tse

DER EHRWÜRDIGE ANANDA, der Mönch, der der Assistent und engster Schüler Buddhas war, kam eines Tages durch ein kleines Dorf. Durstig wie er war, ging er auf den Dorfbrunnen zu und bat das junge Mädchen, das dort war, um einen Becher Wasser zu trinken. Das Mädchen sagte zu ihm: „O großer Mönch, ich bin nicht wert, dir Wasser zu geben. Bitte mich nicht um so etwas, denn ich würde dich nur unrein machen. Ich bin ein Kind aus der niedrigsten Kaste in diesem Dorf." Der große Mönch Ananda sah sie aus mitfühlenden Augen an und sagte: „Ich fragte dich nicht nach deiner Kaste, sondern nach einem Becher Wasser."

Früher Buddhismus

ES WAR EINMAL EIN MANN, der ein enthaltsames Leben führte und kein Brot aß. Er ging einen alten Mann besuchen. Zufällig waren Pilger vorbeigekommen, und der Alte bereitete ihnen eine bescheidene Mahlzeit. Als sie zum Essen beisammensaßen, nahm der fastende Bruder eine einzige eingeweichte Erbse zu sich, auf der er dann kaute. Als sie vom Tisch aufstanden, nahm der Alte den Bruder beiseite und sagte: „Bruder, wenn du jemanden besuchen gehst, stelle deinen Lebensstil nicht zur Schau, doch wenn du ihn beibehalten willst, dann bleibe in deiner Zelle und komme nie aus ihr hervor." Er akzeptierte, was der Alte sagte, und benahm sich danach wie die anderen, wann immer sie zusammenkamen.

Wüstenväter

EINER DER BETBRÜDER IM TEMPEL war besonders bekannt für seinen Eifer und sein Bemühen. Tag und Nacht saß er in der Meditation, ohne zu essen oder zu schlafen. Mit der Zeit wurde er dünner und schwächer. Der Meister des Tempels riet ihm, sich etwas zu drosseln und mehr um sich selbst zu kümmern. Doch der fromme Mann hörte nicht auf den Rat.

„Warum hast du es so eilig, wohin drängt es dich so?" fragte der Meister.

„Ich bin auf Erleuchtung aus", antwortete der Bruder, „und will keine Zeit vergeuden."

„Und woher weißt du", fragte der Meister, „daß die Erleuchtung vor dir herläuft, daß du ihr hinterherlaufen mußt. Vielleicht ist sie hinter dir, und alles, was du zu tun hast, um ihr zu begegnen, ist, bloß stillzustehen – du aber läufst vor ihr weg!"

Zen

Der arme Mann war mit seiner Weisheit am Ende. Also ging er zum Rabbi um Rat. „Heiliger Rabbi!" rief er. „Die Dinge stehen schlecht mit mir und werden täglich schlimmer! Wir sind arm, so arm, daß meine Frau, meine sechs Kinder, meine Schwiegerverwandtschaft und ich in einer Hütte mit nur einem Zimmer leben müssen. Wir geraten uns ständig in die Quere. Unsere Nerven sind zum Zerreißen gespannt, und bei unseren vielen Sorgen streiten wir uns dauernd. Glaube mir – mein Zuhause ist die Hölle, und ich würde lieber sterben als so weiterleben!"

Der Rabbi dachte tief über die Sache nach. „Mein Sohn", sagte er, „versprich mir zu tun, was ich dir sage, und deine Lage wird sich bessern."

„Ich verspreche es", sagte der sorgengeplagte Mann. „Ich werde alles tun, was du sagst."

„Sage mir, was für Tiere hast du?"

„Ich habe eine Kuh, eine Ziege und ein paar Hühner."

„Ausgezeichnet! Geh jetzt heim und nimm alle diese Tiere mit zu euch ins Haus hinein."

Der arme Mann war sprachlos, doch da er es dem Rabbi versprochen hatte, ging er nach Hause und holte all seine Tiere herein.

Am nächsten Tag kam der Mann wieder zum Rabbi und rief: „Rabbi, welch ein Unglück hast du über mich gebracht! Ich tat wie geheißen und holte die Tiere ins Haus. Und was habe ich nun davon? Es steht schlimmer als je zuvor! Mein Leben ist die totale Hölle – und das Haus ist zur Scheune geworden! Rette mich, Rabbi – hilf mir!"

„Mein Sohn", antwortete der Rabbi gelassen, „geh heim und nimm die Hühner aus dem Haus. Gott wird dir beistehen!"

So ging der arme Mann nach Hause und nahm die Hühner aus dem Haus. Doch es dauerte nicht lange, da war er schon wieder beim Rabbi.

„Heiliger Rabbi!" wehklagte er. „Hilf mir, rette mich! Die Ziege schlägt alles im Haus entzwei – sie macht mein Leben zu einem Alptraum."

„Geh heim", antwortete der Rabbi sanft, „und nimm die Ziege aus dem Haus. Gott wird dir beistehen!"

Der arme Mann kehrte nach Hause zurück und brachte die Ziege weg. Doch es dauerte nicht lange, da kam er wieder zum Rabbi gelaufen und lamentierte laut: „Welch ein Unglück du auf mein Haupt gebracht hast, Rabbi! Die Kuh hat mein Haus in einen Stall verwandelt! Wie kannst du von einem menschlichen Wesen erwarten, Seite an Seite mit einem Tier zu leben?"

„Du hast recht – hundertmal recht!" stimmte der Rabbi zu. „Geh sofort heim und nimm die Kuh aus deinem Haus!"

Und der arme Kerl eilte nach Hause und nahm die Kuh aus seinem Haus.

Noch kein Tag war vergangen, da kam er wieder zum Rabbi gelaufen.

„Rabbi!" rief er und strahlte übers ganze Gesicht. „Du hast mein Leben wieder süß werden lassen. Seit all die Tiere draußen sind, ist das Haus so ruhig, so geräumig und so sauber! Welch eine Freude!"

Chassidisch

Ein junger Zen-Mönch und sein Meister spazierten durch den Garten des Klosters. Obwohl er eifrig praktiziert hatte, war der junge Mönch noch zu keinem tiefen Verständnis von Zen gekommen. Schließlich wandte er sich an den Meister und sagte: „Bitte, Meister, sage mir etwas über die Erleuchtung."

Der Meister zeigte vor sich: „Siehst du den Bambus? Siehst du, wie kurz er ist?" Der Mönch antwortete: „Ja." „Siehst du den Bambus dort drüben? Siehst du, wie hoch er ist?" Und der Mönch antwortete: „Ja." Und der Meister sagte: „Genau das ist Erleuchtung."

Zen

EINST VERLIESS DER RABBI ELIMELECH EINE STADT, die er besucht hatte, in Richtung Heimat. Alle Chassidim begleiteten ihn ein langes Stück des Wegs. Als seine Kutsche durch das Tor fuhr, stieg er aus, hieß den Kutscher weiterfahren und ging mitten in der Menge zu Fuß hinter der Kutsche her. Die erstaunten Chassidim fragten ihn, warum er das tat. Er antwortete: „Als ich eure große Ergebenheit sah, mit der ihr das gute Werk meiner Begleitung verrichtetet, konnte ich nicht ertragen, davon ausgeschlossen zu sein!"

Chassidisch

SCHAH ABBAS VON PERSIEN war ein Mann mit Scharfsinn, der gern in Parabeln redete. Unter seinen Ministern befand sich Merza Zaki, der seine Parabeln gut verstand.

Eines Tages hielt der Schah Hof mit seinen Ministern, und sie sprachen über die Wege dieser Welt. Da fragte er seine Minister: „Was ist die süßeste Melodie?" Einer antwortete: „Die Melodie der Flöte."

„Nein", antwortete ein anderer Minister, „die Melodie der Harfe ist dem Ohr am angenehmsten."

Der dritte bemerkte: „Weder die eine noch die andere! Die Violine hat den feinsten Ton." So entstand ein erbitterter Disput.

Merza Zaki war still und sagte nichts. Tage vergingen. Da lud Merza Zaki den Schah und die Regenten des Staates zu einem Banquett zu ihren Ehren ein. Zu Ehren der Gäste spielten Musikanten auf allerlei Instrumenten auf. Doch wie seltsam, die Tafel bot keinerlei Erfrischungen. Die Gäste waren ohne Essen und Trinken. Man muß wissen, daß bei einem Banquett im Orient die Tafeln stets mit Delikatessen beladen sind, und wenn die Gäste sich satt gegessen haben, gibt es immer noch mehr Essen, und es werden kupferne Gefäße mit Fleisch und Reis an die Tafeln gebracht. Wo blieb nur das Essen? Es war peinlich, danach zu fragen, so blieben die Gäste einfach sitzen, bis es Mitternacht wurde. Da winkte Merza Zaki dem Chefkellner, der ein Gefäß voll Essen hereintrug und mit einem großen Löffel an den Topfdeckel schlug. Klink! Klink!

75

Alle Gäste atmeten einen Seufzer der Erleichterung. Es war höchste Zeit. Da sagte Schah Abbas: „Das Geklimper von Geschirr in den Ohren des Hungrigen – das ist die süßeste Melodie!"

Sufi

IM LETZTEN JAHRHUNDERT machte ein junger Student an der berühmten Oxforder Universität in England ein wichtiges Examen über Religionsstudien. Die Examensaufgabe an dem Tag lautete, über die religiöse und spirituelle Bedeutung des Wunders Christi zu schreiben, als er das Wasser in Wein verwandelte. Zwei Stunden lang saß er im vollen Klassenzimmer, während die anderen Studenten ihre Seiten mit langen Abhandlungen füllten, die ihr Verstehen kundtun sollten. Die Examenszeit war fast um, und dieser eine Student hatte kein einziges Wort hingeschrieben. Da kam der Proktor zu ihm und bestand darauf, daß er etwas zu Papier bringe, bevor er es einreicht. Der junge Lord Byron nahm den Stift zur Hand und schrieb die folgende Zeile: „Das Wasser traf seinen Meister – und errötete."

Christlich

8
WER SOLL DER RICHTER SEIN?

Stellen wir uns eine Welt ohne Urteile vor. Es wäre eine Welt ohne Haß und Teilung, ohne Entfremdung und Gewalt. Akzeptanz, Vergebung und Verständnis wären die Grundpfeiler unserer Beziehungen. Keine Feinde oder Gegner würden geschaffen, es gäbe keine Ablehnung oder Geringschätzung wegen Hautfarbe, Geschlecht, Religion oder Rasse. Stellen wir uns unsere persönliche Welt vor ohne Urteile.

Wir alle haben die große Stimme des Kritikers oder Richters in uns. Sie richtet sich nach innen und außen, vergleicht, unterscheidet und urteilt. Oft wiederholt dieser innere Richter einfach die Worte einer Figur aus unserer Vergangenheit, die uns beurteilte. Trotzdem glauben wir daran, tragen sie mit, geben sie weiter. Tag für Tag und Generation für Generation. In vielen von uns ist dieser innere Richter oder Kritiker so scharf und schrill, daß er unmöglich eine Anstellung finden würde, außer unter den grausamsten und strengsten Régimes eines Stalin oder Idi Amin. Wir können zu uns selbst und anderen sehr hart sein.

Urteile zu fällen, ist die Zuflucht und Waffe der Selbstgerechtigkeit und der Angst. Aus der Betrachtung der Schwächen der anderen polstern wir uns ein Gefühl der Überlegenheit. Wir verteidigen unser eigenes Gefühl für das, was recht ist, indem wir die Unvollkommenheiten der anderen beleuchten. Unsere Urteile sind der sichtbare Ausdruck unserer Getrenntheit von den anderen, von unseren eigenen Herzen. Sie sind eine Brutstätte für Schmerz, Entfremdung und Zwietracht.

Um das Urteilen zu verstehen, ist es wichtig, zu sehen, daß es aus Ängsten entsteht; religiöser, wirtschaftlicher oder rassistischer Angst – all die Unsicherheiten, die wir mit uns tragen, die uns sagen, daß entweder wir oder andere einfach nicht gut genug sind. Im spirituellen Leben wird uns beigebracht, das Urteilen in Liebe und Weisheit zu verwandeln. Bevor wir urteilen, sollten wir überlegen, wie Jesus sagte: „Wer unter uns hat nicht gesündigt? Sollen wir nicht erst den Balken aus unserem eigenen Auge entfernen, bevor wir auf den Splitter im anderen zeigen!"

In einer Geschichte in diesem Kapitel schickte der Vorsteher des Klosters alle anderen anstelle desjenigen fort, der gestohlen hat, und sagt: „Wer wird ihn lehren, wenn ich es nicht tue? Es ist derjenige, der wirklich Hilfe braucht. Um die Kleinlichkeit des urteilenden Denkens zu überwinden, sind wir aufgerufen, uns um die zu kümmern, die verwirrt sind, Schmerzen leiden, in Angst oder Ärger feststecken und dann in einer Weise handeln, die andere verletzt. Wir sind aufgerufen, dieselbe Verwirrung und denselben Schmerz in uns mit Weisheit und Mitgefühl anzuschauen.

Unsere Urteile bahnen sich unvermeidlich einen Weg in das Handeln. Wenn wir jemanden als unterlegen oder unwert einschätzen, wenden wir uns von ihm ab. Wenn wir jemanden attraktiv oder würdig finden, bewundern wir ihn und laufen ihm nach. Auf der Grundlage unserer Sympathie oder Antipathie schicken wir die eine Person weg, während persönliche Vorlieben und vergangene Erfahrungen die Grundlagen für die Beziehung zu einer anderen bilden. Oft entspringen unsere Urteile oberflächlichen Eindrücken oder längst vergangenen Geschehnissen. Die Kraft unserer Urteile erschafft ein inneres Klima, dem es schmerzlich an Güte und Liebe fehlt.

Wir mögen glauben, daß Urteile nötig sind, daß wir ohne unser Urteil nicht mehr zwischen richtig und falsch, gut und böse, wert oder unwert unterscheiden könnten. Wir mögen glauben, daß wir ohne Urteilen gelähmt würden, unser Leben keine Grundlage mehr zum Wählen, zum Entscheiden und Bewegen hätte. Wir mögen das Gefühl haben, daß mangelndes Urteilsvermögen uns der Wertvorstellungen und Ethik beraubt. Das sind bedeutsame Fragen, die wir erforschen müssen. Was würde geschehen, wenn wir nicht mehr urteilten?

Ist es nicht so, daß, wenn wir fähig wären, uns jeden Urteils zu enthalten, wir dann keine andere Alternative hätten, als unsere großen inneren Tiefen der Klarheit und des Verstandes aufzurufen, um die Wahrheit jeden Moments zu erkennen? Ist es nicht so, daß, wenn wir unsere Urteile der Gegenwart an die Seite schieben, die so oft ja nur Überbleibsel der Vergangenheit sind, wir uns dann frisch und ganz auf jeden Moment einlassen müssen? Wenn wir auf die Oberflächlichkeit so viele unserer Urteile verzichten, müßten wir dann nicht mit größerer Tiefe und Verstehen sehen! Außerdem würden wir in dieser Tiefe des Verstehens neue Dimensionen der Demut, Vergebung und Toleranz entdecken können.

Die Energie, die der urteilende Geist aufwendet, reicht aus, um die ganze Welt zu transformieren. Es ist eine Energie, die wir in andere Kanäle umzulenken lernen müssen. Vergebung, Toleranz, Geduld und Liebe bringen uns zur Demut. Sie erinnern uns, daß der Mensch, den wir vor uns sehen, unser eigenes Selbst in einer anderen Gestalt ist mit derselben Sehnsucht nach derselben Liebe, nach derselben Akzeptanz und Offenherzigkeit wie wir und unter demselben Schmerz der Ablehnung, des Beurteiltwerdens und Hasses leidet wie wir.

Eine der goldenen Regeln des Lebens im Herzen, eines der großen Gesetze des spirituellen Lebens, lautet, nie jemanden aus dem eigenen Herzen zu verbannen, was auch immer geschieht. Handeln wir so, wie es nötig ist, um uns selbst und andere zu schützen. Stecken wir andere ins Gefängnis, wenn wir müssen, aber werfen wir niemanden aus unserem Herzen. Es gibt Zeiten, wo wir aus furchtbarer Verwirrung, Schmerz und Angst handelten und dadurch noch mehr Verwirrung und Schmerz verursachten. Ist es unsere Rolle, über andere in der Welt zu urteilen? Vielleicht ist es eine weisere Rolle, den Geist der Liebe, des Friedens und Verstehens mitten in Verwirrung und Leid zum Leben zu erwecken.

Reflektieren wir während des Lesens über die Empfindungen aus dem Urteilen und der Selbstgerechtigkeit, die auch in uns immer wieder aufsteigen. Wie fühlt sich das an, wie erleben wir das eigentlich? Ist es angenehm? Haben diese Empfindungen eine Qualität von Weisheit oder Wahrheit an sich? Oder hängen sie mit Angst zusammen? Entfernen sie uns noch weiter voneinander, machen uns noch isolierter oder ängstlicher? Reflektieren wir über ihr Gegenteil. Erinnern wir uns der Augenblicke der Vergebung, des Verständnisses, des Einfühlungsvermögens in Wirrnis und Kampf eines anderen, der so sehr unserem eigenen gleicht. Wie wollen wir selber behandelt werden, wenn wir einen Fehler begangen haben? Wie würden wir dann jemanden anderen behandeln wollen? Was für Urteile können wir gerade jetzt fallen lassen? Welche Gelegenheiten bieten sich uns, die Vergangenheit beiseite zu lassen und die Dinge in neuem Licht zu sehen? Welche direkten Beziehungen würden geheilt, wenn wir unsere Urteile losließen. Welche Ebene der Vergebung können wir den anderen, uns selbst, anbieten?

Es gibt eine Geschichte über Buddha und Mara. Eines Tages war der Buddha in seiner Höhle, und Ananda stand draußen nah bei der Tür. Plötzlich sah Ananda Mara ankommen. Er war überrascht. Er wünschte, Mara würde verschwinden. Aber Mara ging geradewegs auf Ananda zu und bat ihn, dem Buddha seinen Besuch anzukündigen.

Ananda sagte: „Warum bist du hergekommen? Erinnerst du dich nicht, wie du in der alten Zeit vom Buddha unter dem Feigenbaum besiegt wurdest? Schämst du dich nicht, herzukommen? Geh weg! Der Buddha wird dich nicht sehen. Du bist böse. Du bist sein Feind." Als Mara das hörte, begann er zu lachen, er lachte und lachte. „Sagtest du, dein Lehrer habe dir gesagt, daß er Feinde hat?" Das war Ananda sehr peinlich, denn er wußte, daß sein Lehrer nicht gesagt hat, daß er Feinde habe. So war Ananda geschlagen und mußte hineingehen und Maras Besuch ankündigen. Dabei hoffte er, daß der Buddha sagen würde: „Geh und sage ihm, daß ich nicht da bin. Sag ihm, ich habe eine Sitzung."

Aber der Buddha war ganz aufgeregt, als er hörte, daß Mara, ein so alter Freund, ihn besuchen kam. „Ist das wahr? Ist er wirklich hier?" fragte der Buddha und ging selber hinaus, um Mara zu begrüßen. Ananda war höchst bekümmert. Der Buddha ging auf Mara zu und ergriff seine Hände in der herzlichsten Art und Weise. Er sagte: „Hallo! Wie geht es dir? Wie ist es dir ergangen? Ist alles in Ordnung?"

Mara sagte nichts. So führte ihn der Buddha in die Höhle, bereitete ihm einen Platz zum Sitzen und schickte Ananda, um für sie beide Kräutertee zu kochen. „Ich kann hundertmal am Tag für meinen Meister Tee kochen, aber Tee für Mara zu kochen, ist keine Freude", dachte Ananda bei sich. Aber da es nun einmal der Befehl seines Meisters war, wie könnte er sich weigern? Also ging Ananda und bereitete Kräutertee für den Buddha und seinen sogenannten Gast, doch währenddessen versuchte er, ihrer Unterhaltung zuzuhören.

Der Buddha wiederholte sehr herzlich: „Wie ist es dir ergangen? Wie stehen die Dinge?"

Mara sagte: „Die Dinge stehen überhaupt nicht gut. Ich habe es satt, ein Mara zu sein. Ich möchte etwas anderes sein."

Ananda bekam große Angst. Mara sagte: „Weißt du, Mara zu sein, ist keine leichte Sache. Wenn du redest, mußt du in Rätseln reden. Wenn du irgend etwas tust, mußt du dir Tricks ausdenken und böse aussehen. Ich habe das alles so satt. Aber was ich nicht ertragen kann, sind meine Schüler. Jetzt reden sie über soziale Gerechtigkeit, Frieden, Gleichheit, Befreiung, Nichtdualität, Gewaltlosigkeit, all diese Dinge. Ich habe genug davon! Ich glaube, es wäre besser, wenn ich sie alle dir übergebe. Ich möchte etwas anderes sein."

Ananda begann zu schaudern, weil er befürchtete, daß der Meister sich entscheiden könne, die andere Rolle zu übernehmen. Mara würde der Buddha, und der Buddha würde der Mara. Es machte ihn sehr traurig.

Der Buddha hörte aufmerksam zu und war von Mitgefühl erfüllt. Schließlich sagte er mit leiser Stimme: „Glaubst du, es macht Spaß, ein Buddha zu sein? Du weißt nicht, was meine Schüler mir angetan haben! Sie legen mir Worte in den Mund, die ich nie gesagt habe. Sie bauen prunkvolle Tempel und stellen Statuen von mir auf die Altäre, um Bananen und Orangen und süßen Reis anzulocken, nur für sich selber. Und sie stecken mich in eine Verpackung und machen meine Lehre zu einem Konsumartikel. Mara, wenn du wüßtest, wie es wirklich ist, Buddha zu sein, ich bin sicher, du würdest verzichten." Worauf der Buddha einen langen Vers rezitierte, als Zusammenfassung ihrer Unterhaltung.

Thich Nhat Hanh

ALS BANKEI in aller Abgeschiedenheit seine Meditationswochen abhielt, suchten ihn die Schüler aus vielen Teilen Japans auf. Während eines dieser Treffen wurde einer der Schüler beim Stehlen ertappt. Die Sache wurde Bankei berichtet, und man verlangte, den Schuldigen fortzuschicken. Bankei ignorierte den Fall.

Später wurde der Schüler bei einer ähnlichen Tat erwischt, und wieder ignorierte Bankei die Angelegenheit. Das ärgerte die übrigen Schüler, die eine Petition abfaßten und den Ausschluß des Diebes verlangten, da sie andernfalls selber fortgehen würden.

Nachdem Bankei die Petition gelesen hatte, rief er alle zu sich. „Ihr seid weise Brüder", sagte er ihnen. „Ihr wißt, was recht und was unrecht ist. Wenn ihr wünscht, könnt ihr woanders studieren gehen, aber dieser arme Bruder kann noch nicht einmal Recht von Unrecht unterscheiden. Wer wird ihn lehren, wenn ich es nicht tue? Ich werde ihn hierbehalten, auch wenn ihr übrigen allesamt geht."

Ein Sturzbach aus Tränen reinigte das Gesicht des Bruders, der gestohlen hatte. Alles Verlangen zu stehlen, war verschwunden.

Zen

ALS DER SOHN GOTTES ans Kreuz genagelt wurde und starb, ging er schnurstracks vom Kreuz in die Hölle und befreite alle Sünder, die dort Qualen litten.

Und der Teufel weinte und trauerte, denn er dachte, er würde keine Sünder mehr für die Hölle bekommen.

Da sagte Christus zu ihm: „Weine nicht, denn ich werde dir all jene senden, die in ihrer Verurteilung der Sünder selbstgerecht sind, und die Hölle soll noch einmal aufgefüllt werden, bis ich wiederkomme."

Traditionelles Christentum

EIN GESCHÄFTSMANN, der zu einer Konferenz in eine entfernte Stadt mußte, entschloß sich, statt über die Autobahn über die Landstraßen zu fahren, um sich zu entspannen und die Reise zu genießen. Nach einigen Stunden Fahrt erkannte er, daß er hoffnungslos den Weg verloren hatte. Auf einem Feld an der Straße sah er einen Farmer arbeiten und hielt an, um ihn nach dem Weg zu fragen. „Können Sie mir sagen, wie weit es nach Chicago ist?" fragte er den Farmer. „Nun, ich weiß nicht so recht Bescheid", antwortete der Farmer. „Hmm, können Sie mir sagen, wie weit ich von New York entfernt bin?" fragte der Geschäftsmann erneut. „Nun, ich weiß nicht so recht Bescheid", antwortete der Farmer wieder. „Können Sie mir wenigstens sagen, was der schnellste Weg zur Hauptstraße ist?" fragte der Geschäftsmann ungehalten. „Nein, ich weiß nicht so recht Bescheid", antwortete der Farmer wieder.

„Sie wissen anscheinend wirklich nicht so recht Bescheid", platzte der ungeduldige Geschäftsmann heraus. „Nein, aber ich habe mich auch nicht verlaufen", antwortete der Farmer seelenruhig.

Zeitgenössisch

EIN MANN KAM ZU LORD SHANTIH mit der Bitte, ihn von seinen Leiden zu heilen. „Und woran leidest du?" fragte Lord Shantih. „Mein Bauch tut mir weh, wenn ich zuviel esse", sagte der Mann. „Mein Hals ist ausgedörrt, wenn ich durstig bin, und mein Rücken schmerzt, wenn ich tagsüber auf den Feldern arbeite." „Das sind die Beschwerden des Lebens", sagte Lord Shantih. „Nur der Tod kann dich heilen." Der Mann verfluchte Lord Shantih und ging voller Ärger weg, unterwegs noch zu seinem Gefährten schimpfend. „Diesem Mann", sagte Lord Shantih, „wird sein Grab ein bißchen zu kalt für seinen Geschmack sein."

Thomas Wiloch

EINE NONNE, die nach der Erleuchtung strebte, fertigte sich eine Buddhastatue an und überzog sie mit Blattgold. Wo immer sie hinging, trug sie diesen goldenen Buddha bei sich.

Die Jahre vergingen, und die Nonne, die noch immer ihren Buddha bei sich trug, ließ sich in einem kleinen Tempel in einem Land nieder, in dem es viele Buddhas gab und jeder seinen eigenen, ganz besonderen Schrein hatte.

Die Nonne wollte ihr Räucherwerk vor ihrem goldenen Buddha verbrennen. Weil ihr die Vorstellung, wie der Duft zu den anderen verströmen würde, mißfiel, konstruierte sie einen Trichter, durch den der Rauch nur zu ihrer Statue aufsteigen würde.

Davon wurde die Nase des goldenen Buddhas schwarz, was ihn besonders häßlich machte.

Zen

Ein Bauer bat einen Tendai-Priester, für seine gestorbene Frau Sutras zu rezitieren. Nachdem die Rezitation beendet war, fragte der Bauer: „Glaubst du, meine Frau wird dadurch Verdienste erlangen?"

„Nicht nur deine Frau, sondern alle fühlenden Wesen werden von der Rezitation der Sutras profitieren", antwortete der Priester. „Wenn du sagst, alle fühlenden Wesen werden profitieren", sagte der Bauer, könnte es sein, daß meine Frau sehr schwach ist und andere sie übervorteilen und den Nutzen bekommen, den sie haben sollte. So rezitiere doch bitte Sutras für sie."

Der Priester erklärte, daß es das Verlangen eines Buddhisten sei, für jedes lebende Wesen Segen und Nutzen zu wünschen.

„Das ist eine gute Lehre", schloß der Bauer, „aber bitte mache eine Ausnahme. Ich habe einen Nachbarn, der grob und gemein zu mir ist. Schließe ihn von all diesen fühlenden Lebewesen aus."

Buddhismus

Saadi von Schiraz erzählt diese Geschichte über sich selbst:

„Als ich klein war, war ich ein frommer Junge, eifrig mit Gebet und Andacht.

Eines Nachts hielt ich mit meinem Vater Wache, und der Heilige Koran lag auf meinem Schoß.

Alle anderen im Raum begannen zu schlummern und waren bald fest eingeschlafen, da sagte ich zu meinem Vater: „Keiner von diesen Schläfern öffnet die Augen oder hebt den Kopf, um seine Gebete zu sprechen. Man möchte meinen, daß sie alle tot sind."

Mein Vater antwortete: „Mein geliebter Sohn, es wäre mir lieber, du würdest auch schlafen wie diese, statt sie zu verleumden."

Sufi

9
Glaube oder Torheit?

Wir machen einen Neubeginn oder schlagen neue Richtungen ein, weil sie mehr Freiheit, Glück und Erfüllung versprechen. Solche Änderungen und Zielsetzungen verlangen ein Höchstmaß an Glauben an uns selbst. Das ist unser Geburtsrecht, unser inneres Potential, unser spirituelles Erbe. Unser Glaube gibt uns den Mut, vom Vertrauten und Bekannten zum Unbekannten zu schreiten. Der Glaube befähigt uns, unsere Sicherheit und schützende Grenzen zu überschreiten und auf Horizonte zuzugehen, die uns als möglich erscheinen. Wir brauchen den Glauben auch, um nach dem zu streben und das verstehen zu wollen, was größer ist als wir selbst, und das ist der Glaube an das universale Gesetz, dem die Jahreszeiten folgen, das die Lebensformen hervorbringt und uns zur Bewußtheit führt. Der Glaube, daß der für uns wahrnehmbaren Vielfalt eine Einheit zugrundeliegt, der Glaube, daß es eine universale Wahrheit und Freiheit gibt, die niemandes Territorium ist.

Wenn alles andere wegfällt oder uns genommen wird, fallen wir auf diesen Glauben zurück, damit er uns durch die dunklen, verworrenen oder schwierigen Etappen im Leben führt. Er gibt uns die Energie, das Vertrauen und die Inspiration, aufzuwachen und uns dem zu stellen, was wahr ist an diesen Etappen, statt vor ihnen wegzulaufen. Dieser Glaube kann durch große Bücher inspiriert werden, durch große Lehrer der Vergangenheit, durch große Taten, doch am Ende finden wir diesen Glauben in erster Linie in dem, was bereits hier in uns ist. Hier ist der Ort, wo unsere Weisheit wächst, wo die Wahrheit sich offenbart. Wie Rumi es in seiner Vogelgeschichte ausdrückt: „Glaube nicht an etwas Absurdes." Wir brauchen Glauben und Überzeugung, um sehen zu können, was wahr ist, um unsere Fähigkeit zum Offensein zu stärken.

Glaube fällt uns nicht immer leicht. Unsere wissenschaftliche, analytische Kultur fördert die Zweifel und glaubt nur an das, was bewiesen werden kann. Unsere eigene Desillusionierung und Enttäuschung macht uns zynisch und mißtrauisch. Wir haben gelernt, uns stärker auf Analyse und Beweis zu verlassen als auf Intuition und Vertrauen. Doch Unzufriedenheit und Intuition treiben uns zur Suche nach neuen Horizonten, zur Suche nach der Verwirklichung unseres Potentials.

Glaube ist ein mächtiges zweiseitiges Schwert. Es ist ihm möglich, uns die Augen zu öffnen oder uns zu blenden. Mit einem weisen Glauben können wir das größte Hindernis überwinden, mit einem törichten Glauben verurteilen wir uns selbst zu blindem Gehorsam. Glaube kann zu Toleranz und Demut oder Engstirnigkeit und Bigotterie führen. Glaube kann uns überzeugen, daß wir die Treuhänder der Wahrheit sind. Er kann uns öffnen, so daß wir ständig von den Herausforderungen und Geheimnissen des Lebens lernen können.

Bei einem Neubeginn, oder wenn wir einen neuen Weg einschlagen, müssen wir sehr achtgeben auf Unsicherheit und Selbstzweifel, die uns begleiten. Das sind die Gefühle, die uns verleiten, uns mit Begrenzungen statt mit Horizonten zufriedenzugeben. Unsere Unsicherheit läßt uns das Alleinsein fürchten und nach Sicherheit streben, nach Bestätigung und Identität durch Dazugehören. Das sind Kräfte, die eher zu blinder Überzeugung als zu weisem Glauben führen. Die Unsicherheit im Glauben ergibt schließlich einen bigotten Glauben. Unsicherer Glaube hat Dummheit zur Folge, die uns zu ewigen Nachläufern abstempelt, die lieber anderen zuhören als zu lernen, auf sich selbst zu hören.

Weiser, das heißt verstehender Glaube engt nicht ein, sondern öffnet uns. Er ermutigt uns zum Fragen, Erforschen, Suchen. Er ermutigt uns zur Entdeckung eigener Antworten und zum Vertrauen in die eigene Erfahrung. Der weise Glaube befähigt uns, auf die Führung und Erfahrung anderer zu hören und aus ihnen zu lernen, ohne uns in dem tiefen inneren Vertrauen beirren zu lassen, daß die Kraft zur Transformation in uns selbst liegt. Der größte Glaube ist der Glaube an uns selbst, ganz als mitfühlende und liebende menschliche Wesen leben zu können.

In dem Maße, wie echter Glaube reift, führt er in Verbindung mit Weisheit zu größerem Humor und Freude. Glaube kleidet sich nicht in Stirnrunzeln, verzweifelt nicht an der Zerbrechlichkeit menschlichen Lebens. Statt dessen weist er auf eine Perspektive der Liebe und Bewußtheit hin, die so groß sind, daß sie den Schmerz, die Absurditäten, die Ironien und die Komplexitäten der Menschheit umfassen können.

In diesem Kapitel finden wir Geschichten über Glauben und Torheit. Wir können uns fragen, woran wir glauben. Vertrauen wir zutiefst auf unser eigenes Potential zur inneren Transformation, vertrauen wir darauf, die Welt mit unserer Liebe und Weisheit berühren zu können? Wo waren unsere Überzeugungen töricht, und wohin führten sie dann? Wo würde wahrer Glaube uns den Mut geben, Fragen zu stellen, uns zu öffnen und zu wachsen, Freiheit in unser Leben zu bringen? Welchen Unterschied macht der Glaube in unserem Leben aus?

EINST WOLLTE EIN MANN das Meer überqueren. Bibhishana schrieb den Namen Rama auf ein Blatt, befestigte es in einer Ecke des Gewandes, das der Mann trug, und sagte zu ihm: „Hab keine Furcht. Hab Glauben und geh auf dem Wasser. Aber schau her, in dem Moment, wo du den Glauben verlierst, wirst du ertrinken." Ganz leicht ging der Mann über das Wasser. Plötzlich überkam ihn das dringende Verlangen, nachzuschauen, was da in seinem Gewand steckte. Er machte es auf, fand aber nur ein Blatt mit dem Namen Rama. „Was ist das?" dachte er. „Nur der Name Rama!" Sobald der Zweifel in sein Bewußtsein drang, versank er im Wasser.

Sri Ramakrishna

EIN CHRISTLICHER GELEHRTER, der die Bibel für die buchstäbliche Wahrheit hielt, wurde von einem Wissenschaftler beiseite genommen, der sagte: „Der Bibel zufolge wurde die Erde vor etwa fünftausend Jahren erschaffen. Wir haben jedoch Knochen gefunden, die auf ein Leben auf der Erde schon vor einer Million Jahren hinweisen."

Ohne Zögern kam die Antwort: „Als Gott die Erde vor fünftausend Jahren schuf, tat er diese Knochen absichtlich hinein, um unseren Glauben zu prüfen und zu sehen, ob wir eher Sei-nem Wort oder wissenschaftlicher Beweisführung glauben würden."

Christlich

ES WAR EINMAL EIN AFFE, der in eine Schlucht hinuntersah und im Wasser die Spiegelung des leuchtenden Mondes erblickte. „Oh, welch wunderschönes Juwel – das muß ich haben", dachte er. Als er es den übrigen Affen erzählte, meinten alle, daß es sehr schwer zu erlangen sein würde, doch der Affenkönig sagte: „Ich habe eine Idee. Ein Affe wird sich an einem Baum festhalten, und alle übrigen bilden eine Reihe, indem jeder sich an dem Schwanz seines Vorgängers festhält. Dann können wir unsere Affenkette bis unten zum Wasser fortsetzen, und der letzte wird das Juwel erreichen." So hangelten sich fünfhundert Affen einer nach dem anderen zum Wasser hinunter, doch das Ge-wicht all der Affen war zuviel für den einen, der sich am Baum festhielt, so daß alle fünfhundert Affen ins Wasser fielen und ertranken.

Buddhismus

EIN RABBI PREDIGTE seinen Anhängern stets, die Antworten in sich selbst zu suchen. Aber in der Erwartung weiterer Antworten kamen sie ständig wieder auf ihn zurück.

Schließlich stellte er ein Kiosk mit einem Schild auf: „Antwort auf beliebige zwei Fragen für 100 Dollar."

Nach reiflicher Überlegung entschloß sich einer seiner reichsten Anhänger, ihn zu fragen und brachte zwei bedeutende Fragen mit. Während er das Geld bezahlte, sagte er: „Sind 100 Dollar nicht ziemlich teuer für nur zwei Fragen?" „Ja", sagte der Rabbi, „und wie lautet deine zweite Frage?"

Chassidisch

ABBA OR SAGTE: Entweder fliehe die Menschen oder belade die Welt und ihre Menschen und mache dich selbst in vielen Dingen zum Narren.

Wüstenväter

MULLA NASRUDDIN ist ein Narr und ein Weiser zugleich. Eines Tages war er in seinem Garten und streute Brotkrumen rings um die Blumenbeete. Ein Nachbar kam vorbei und fragte: „Mulla, warum tust du das?"

Nasruddin antwortete: „Ach, das tue ich, um die Tiger festzuhalten."

Der Nachbar sagte: „Aber es gibt doch tausend Meilen weit und breit keine Tiger hier."

Nasrudin antwortete: „Wirksam, nicht wahr?"

Sufi

MULLA NASRUDDIN saß in einem Teehaus, als ein guter Freund aufgeregt auf ihn zukam. „Ich werde heiraten Mulla", verkündete sein Freund, „und ich bin so aufgeregt. Mulla, hast du selber jemals ans Heiraten gedacht?"

Nasruddin antwortete: „Ich dachte in der Tat daran, zu heiraten. In meiner Jugend wünschte ich es mir sogar sehr stark. Ich wartete darauf, daß ich die perfekte Frau für mich finden würde. Ich reiste umher auf der Suche nach ihr, zuerst nach Damaskus.

Dort traf ich eine schöne Frau, sie war anmutig, gütig und zutiefst spirituell, aber sie besaß kein weltliches Wissen. Ich reiste weiter und ging nach Isfahan.

Dort traf ich eine Frau, die sowohl spirituell als auch weltlich und in vieler Hinsicht schön war, aber wir konnten uns nicht so gut verständigen. Schließlich ging ich nach Kairo, wo ich sie nach langem Suchen fand.

Sie war tief spirituell, anmutig und schön in jeder Hinsicht, zu Hause in der Welt und zu Hause in den Bereichen des Jenseits. Ich fühlte, daß ich die perfekte Frau gefunden hatte." Sein Freund fragte weiter: „Und hast du sie nicht geheiratet, Mulla?"

„Leider nicht", sagte Nasruddin, während er den Kopf schüttelte, „denn unglücklicherweise wartete sie auf den perfekten Ehemann."

Sufi

ES WAR EINMAL EIN SCHÜLER eines griechischen Philosophen, dem sein Meister befohlen hatte, drei Jahre lang jedem Geld zu geben, der ihn beleidigte. Nachdem diese Zeit der Prüfung überstanden war, sagte der Meister zu ihm: „Nun kannst du nach Athen gehen und Weisheit lernen." Als der Schüler in Athen eintraf, begegnete er einem gewissen Weisen, der am Stadttor saß und jeden, der ein- und ausging, beleidigte. Er beleidigte auch den Schüler, der unverzüglich in schallendes Lachen ausbrach. „Warum lachst du, wenn ich dich beleidige?" fragte ihn der Weise. „Weil ich", sagte der Schüler, „drei Jahre lang für diese Art Behandlung bezahlt habe, und nun bekomme ich sie von dir umsonst." „Tritt in die Stadt ein", sagte der Weise, „sie gehört dir."

Wüstenväter

10
IDEEN ODER WEISHEIT?

Auf unserer Suche nach einem sinnerfüllten Leben arbeiten wir unter anderem daran, mit unschuldigen Augen sehen zu lernen – jeden Moment als neu wahrzunehmen. Unsere Unschuldsaugen werden durch die Empfindsamkeit und liebevolle Aufmerksamkeit geöffnet, die wir jeweils dem Moment entgegenbringen, in dem wir gerade sind. Die Unmittelbarkeit unserer Beziehung zu jedem einzelnen Augenblick und zu dem, was er uns bietet, läßt uns ein Universum voller Zauber und Geheimnis kennenlernen, das sich in ständiger Entfaltung befindet. Wenn wir lernen, mit neuen Augen zu sehen ohne die Filter unserer Urteile und Klassifizierungen, entsteht ein Ort höchster Stille und Empfänglichkeit in uns. In der Gnade dieser Stille entdecken wir die Quelle aller Spontaneität, Kreativität und Weisheit.

Unsere moderne Kultur möchte von uns, daß wir den Altar des denkenden Verstandes mit seiner endlosen Fähigkeit zur Ideen-, Phantasien- und Rezeptproduktion anbeten. Uns wird beigebracht, daß der denkende Verstand im Besitz aller Weisheit sei. Und wir widmen einen Großteil unseres Lebens dem Erwerb von Wissen und Informationen. Solange wir die Welt und uns selbst durch den Filter all der angesammelten Informationen betrachten, bleiben wir im Netz dieser Ideen und Bilder gefangen, denen wir so eifrig hinterherjagen. Oft denken wir, wir kennen uns selbst, dabei ist das, was wir kennen, nur das, was wir über uns selber denken. Wenn wir denken, wir kennen die Welt um uns herum, verstellen unsere statischen Bilder uns den Blick für das in jedem wechselnden Moment liegende Geheimnis.

Was ist ein Bild anderes als die Beschreibung einer Welt, die schon der Vergangenheit angehört! Was ist eine Überzeugung anderes als ein unsicherer Glaube, der in einem System Zuflucht genommen hat! Der spirituelle Weg verlangt kein Aufgeben der kreativen Fähigkeit unseres Geistes, die sucht, fragt und analysiert, sondern ein Sich-Öffnen für eine andere Art des Sehens, die nicht den Beschränkungen der Konditionierung und Informationen aus zweiter Hand unterworfen ist.

Besonders leicht ist es für den Geist, sich in religiöse Ideale, Bilder oder Ansichten, wie etwas sein sollte, zu verstricken oder von ihm blenden zu lassen. Es gibt so viele Autoritäten und Meinungen, die uns Modelle und Bilder aushändigen darüber, wer wir sein und was wir anstreben sollten, so viele Lehren darüber, was heilig ist und was nicht. Wir hören so viele Meinungen über das, was „Sünde" und was „Rechtschaffenheit" sei, was „göttlich" oder „weltlich" ist.

Alle Heiligen Schriften und alle Führung, auf die wir hören, können uns bestenfalls eine Möglichkeit aufzeigen, auf die Gegenwart des großen Mysteriums hinweisen, das gerade hier vor uns liegt.

Wie die meisten großen spirituellen Geschichten sind die Geschichten in diesem Kapitel ganz einfach. Sie kombinieren Weisheit mit gesundem Menschenverstand. Lehren, denen die gewöhnliche Vernunft fehlt, fehlt meist auch die Spiritualität. Die Einfachheit dieser Geschichten verrät uns etwas über Unschuld und Frische. Auch wir können die Bürde unserer Konditionierung und die Bilder beiseite lassen. Auch wir können die Unmittelbarkeit und Vitalität jeder Beziehung in jedem Moment kennenlernen. Wir sind vom Zauber des Universums umgeben, wir brauchen nur die Augen aufzumachen.

Wir könnten darüber nachdenken, an welchen religiösen oder spirituellen Ideen wir festhalten, die uns daran hindern, das Wahre, unseren echten Weg, Führer und Lehrer unmittelbar zu sehen. Was ist jetzt in unserem eigenen Leben vorhanden, das eine wirkliche spirituelle Lehre und Praxis sein kann, indem es uns die Gelegenheit zu tieferem Verständnis anbietet? Wie würde unser Leben aussehen, wenn wir nicht die Bürde des „Sollens" trügen? Was würde es ausmachen, wenn wir unsere Bildwelt beiseite ließen und jedem Moment in Unschuld und Frische direkt begegnen würden?

WENN DER GURU sich abends zur Andacht niederließ, kam die Aschramkatze und störte die Andächtigen. So ordnete er an, die Katze während des abendlichen Gottesdienstes anzubinden.

Als der Guru starb, band man die Katze bei der abendlichen Andacht weiterhin an. Und als die Katze gestorben war, wurde eine neue Katze in den Aschram geholt, damit sie während der Andacht entsprechend angebunden werden konnte.

Jahrhunderte später verfaßten gelehrige Schüler des Guru gelehrte Abhandlungen über die liturgische Bedeutung des Festbindens einer Katze während der Zeit des Andachtsrituals.

Hindu

EINES TAGES REISTE MARA, Gott der Unwissenheit und des Bösen, mit seinem Gefolge durch die Dörfer Indiens. Er sah einen Mann bei der Gehmeditation, dessen Gesicht vor Staunen erstrahlte. Der Mann hatte soeben vor sich auf dem Boden etwas entdeckt. Maras Begleiter wollten wissen, was das sei, und Mara entgegnete: „Ein Stück Wahrheit." „Beunruhigt es dich, wenn jemand ein Stück Wahrheit findet, o Böser?" fragte ihn sein Gefolge. „Nein", entgegnete Mara. „Gewöhnlich machen sie unmittelbar danach eine Überzeugung daraus."

Buddhismus

Eines Tages stürzte der Rabbi in einem Anfall religiöser Leidenschaft in die Synagoge zum Altar, fiel auf die Knie und begann, sich auf die Brust zu schlagen, wobei er ausrief: „Ich bin niemand! Ich bin niemand!"

Der Kantor der Synagoge, beeindruckt von diesem Vorbild spiritueller Demut, schloß sich dem Rabbi auf den Knien an. „Ich bin niemand! Ich bin niemand!"

Der Schammes (Synagogendiener), der aus einem Winkel zusah, konnte ebenfalls nicht an sich halten. Er schloß sich den beiden anderen auf seinen Knien an und rief aus: „Ich bin niemand! Ich bin niemand!"

An diesem Punkt stieß der Rabbi den Kantor mit dem Ellbogen an, deutete auf den Schammes und sagte: „Schau mal, wer da denkt, er sei niemand!"

Chassidisch

Ein Gelehrter begab sich auf eine lange und schwierige Seereise. Vom Verlangen beseelt, die Mannschaft mit der Tiefe seines Wissens zu beeindrucken, unterbrach er die einfachen Matrosen bei ihrer Arbeit, um ihnen Fragen zu stellen. „Sag mir, guter Mann", fragte er einen Seemann, „hast du Philosophie studiert?" Der Seemann antwortete: „Oh nein, ich bin nur ein einfacher Matrose. Ich weiß nur, wie man dies Schiff von einer Küste zur anderen segelt." Der Gelehrte entgegnete: „Du armer Mann, du hast dein halbes Leben vergeudet." Am nächsten Tag befragte er den Seemann erneut. „Hast du Geometrie studiert, mein Guter?" Der Seemann antwortete wieder: „Leider nein, mein Herr. Ich hisse nur die Segel und steuere das Schiff." Wieder schüttelte der Gelehrte verzweifelt den Kopf und sagte nur: „Du armer Kerl, in deiner Unwissenheit vergeudest du so viel von deinem Leben." Tag für Tag ging die Fragerei weiter: „Hast du Geometrie, Anthropologie, Zoologie, Psychologie studiert?" Der Seemann konnte nur verneinend den Kopf schütteln.

Eines Nachts schlingerte das Schiff im Sturm. Besorgt beobachtete der Gelehrte die krachenden Wellen und hielt sich krampfhaft am Mast fest. Der Matrose kam auf ihn zu und fragte: „Haben Sie, guter Mann, zufällig Schwimmologie studiert?" Der Gelehrte konnte nur verdutzt den Kopf schütteln. „Das ist wirklich zu schade", sagte der Seemann. „Sie haben Ihr ganzes Leben vergeudet, denn das Schiff sinkt."

Buddhismus

EIN GEWISSER EROBERER sagte zu Nasruddin: „Mulla, alle großen Herrscher der Vergangenheit hatten Ehrentitel, in denen Gottes Name erwähnt wurde. Es gab zum Beispiel den Gottbegnadeten, den Gottergebenen und so weiter. Wie steht es mit so einem Namen für mich?"

„Gott verhüte", sagte Nasruddin.

Sufi

MULLA NASRUDDINS SCHÜLER beklagten sich eines Tages bei ihm: „Du gibst uns mit Worten Belehrung über Wahrheit und Unwahrheit, über Unwissen und Vollkommenheit. Kannst du uns das nicht auf andere Art demonstrieren?" Nasruddin langte in seine Tasche und holte einen Apfel hervor. „Hier", sagte er. „Dies ist der vollkommene Apfel, der Apfel aus dem Garten Eden."

Seine Schüler schauten den Apfel an und bemerkten, daß er an einer Stelle faul war. „Wie könnte dieser Apfel ein Bild der Vollkommenheit sein?" fragten sie. „Um das zu erkennen, kommt ihr zu mir", entgegnete Nasruddin.

Sufi

HOGEN, EIN CHINESISCHER ZENLEHRER, lebte allein in einem kleinen Tempel auf dem Lande. Eines Tages erschienen vier Wandermönche und baten, in seinem Hof ein Feuer machen zu dürfen, um sich zu wärmen.

Während sie das Feuer anlegten, hörte Hogen, wie sie über Subjektivität und Objektivität argumentierten. Er gesellte sich hinzu und sagte: „Da ist ein großer Stein. Glaubt ihr, daß er innerhalb oder außerhalb eures Bewußtseins ist?" Einer der Mönche antwortete: „Vom buddhistischen Standpunkt aus ist alles eine Objektivierung des Bewußtseins, deshalb würde ich sagen, daß der Stein in meinem Bewußtsein ist."

„Dein Kopf muß sich sehr schwer anfühlen", bemerkte Hogen, „wenn du einen Stein wie den in deinem Bewußtsein herumträgst."

Zen

AUF SEINEM ERSTEN BESUCH IN ENGLAND sprach Achaan Chah, ein hoher Meister aus Thailand, vor vielen buddhistischen Gruppen. Eines Abends erhielt er nach dem Vortrag eine Frage von einer ehrenwerten englischen Lady, die viele Jahre lang die komplizierte Kybernetik des Geistes in Entsprechung zu den neunundachtzig Bewußtseinsklassen der buddhistischen Abhidarma-Psychologie studiert hatte. Würde er ihr bitte gewisse der schwierigen Aspekte dieses Systems erklären, damit sie in ihren Studien weiter fortschreiten könne? Buddhismus lehrt uns das Loslassen. Doch im Anfang klammern wir uns an diese Prinzipien. Der weise Mensch benutzt diese Prinzipien als Werkzeuge, um die Essenz unseres Lebens zu entdecken. Achaan Cha, der spürte, wie befangen sie in intellektuellen Konzepten war, statt es in ihrem eigenen Herzen auszuüben, antwortete direkt. „Sie, Madam, sind wie jemand, der einen Hühnerhof unterhält und herumgeht und die Klackse aufsammelt anstelle der Eier."

Buddhismus

Ein hoher Rabbi verbrachte Jahre in einsamer Meditation über das Geheimnis des Göttlichen in allen Dingen. Als er schließlich zu einem weltlichen Leben zurückkehrte, funkelten seine Augen voller Schönheit dessen, was er entdeckt hatte. Viele Sucher kamen und fragten ihn nach seiner Wahrheit, doch er zögerte stets mit der Antwort, es widerstrebte ihm, sie in Worte zu fassen. Nachdem man ihn jahrelang bedrang, gab er schließlich nach und beschrieb in beredten Worten eine schwache Annäherung dessen, was er entdeckt hatte.

Die Sucher nahmen diese Worte nach überall mit. Sie sprachen sie aus, schrieben sie auf, schufen heilige Texte um sie herum, und aus denjenigen, die sie wiederholten, bildeten sich religiöse Sekten, bis sich niemand erinnerte, daß die Worte sich eigentlich auf eine Erfahrung bezogen. Als seine Worte verbreitet wurden, sank dem Rabbi das Herz. „Ich hatte gehofft, helfen zu können, aber vielleicht hätte ich überhaupt nichts sagen sollen."

Jüdisch

Viele Monate lang warb ein Liebhaber erfolglos um seine Geliebte und erlitt die fürchterliche Qual der Zurückweisung. Schließlich gab sein Schatz nach. „Komm an den und den Ort zu der und der Stunde", sagte sie zu ihm.

An dem Ort und zu der Stunde fand der Liebhaber sich schließlich an der Seite seiner Geliebten sitzend. Da langte er in seine Tasche und holte einen Stapel Liebesbriefe hervor, die er ihr während der letzten Monate geschrieben hatte. Es waren leidenschaftliche Briefe, voll des Schmerzes, den er empfand, und voll von brennendem Verlangen nach den Entzückungen der Liebe und Vereinigung. Er begann, sie seiner Geliebten vorzulesen. So verging Stunde um Stunde, und er las noch immer. Schließlich sagte die Frau: „Was für ein Narr du doch bist! Diese Briefe handeln alle von mir und deiner Sehnsucht nach mir. Nun sitze ich endlich hier bei dir, und du bist in deine dummen Briefe versunken."

Traditionell

ES GIBT EINE GESCHICHTE von dem großen tibetischen Lehrer Marpa, der vor tausend Jahren mit seiner Familie auf einer Farm in Tibet lebte. Auf dieser Farm lebten auch viele Mönche, die unter diesem großen Lehrer studierten. Eines Tages wurde Marpas ältester Sohn getötet, Marpa trauerte zutiefst um ihn, als einer der Mönche zu ihm kam und sagte: „Ich verstehe das nicht. Du lehrst uns, daß alles Illusion ist. Dennoch weinst du. Wenn alles Illusion ist, warum trauerst du dann so sehr?"

Marpa entgegnete: „In der Tat, alles ist Illusion. Und der Tod eines Kindes ist die größte dieser Illusionen."

Buddhismus

DER ZENMEISTER MU-NAN schickte eines Tages nach seinem Schüler Shoju und sagte: „Ich bin nun ein alter Mann. Shoju, und du bist der, der diese Lehre weitertragen wird. Hier ist ein Buch, das sieben Generationen lang von Meister zu Meister weitergegeben wurde. Ich selber habe einige Notizen hinzugefügt, die für dich Wert haben werden. Hier, behalte es bei dir als Zeichen, daß ich dich zu meinem Nachfolger gemacht habe." Shoju verbrannte es sofort!

Zen

EINE AMSEL fand im Dorf einen großen Brocken Futter, ergriff ihn mit dem Schnabel und schwang sich dann in den Himmel auf. Eine Schar von Geschwistern jagte ihr nach und attackierte das Futter wie wild, um es aus ihrem Schnabel zu reißen. Schließlich ließ die Amsel auch den letzten Bissen los, und die wilde Schar ließ sie allein. Beschwingt flog sie auf und nieder und dachte: „Das Futter habe ich verloren, aber dafür habe ich den friedvollen Himmel wieder für mich."

11
DIE ZYKLEN DES KARMA

Wir scheinen in einem zufälligen Universum aus unzusammenhängenden und willkürlichen Ereignissen und Erfahrungen zu leben. Unsere Bewegungen von Himmel zu Hölle, von höchster Begeisterung zu tiefster Verzweiflung scheinen unergründlich und unberechenbar. Wir benutzten Worte wie Glück, Schicksal, Bestimmung und Pech als Erklärung für eine Vielzahl von Erfahrungen, die uns anscheinend ganz zufällig geschehen. Verloren in Verzweiflung oder Jubel sehen wir die Zyklen des Karma nicht, die den Teppich unseres Lebens weben.

Karma bedeutet keine phantasievollen Ideen über ein eventuelles vergangenes Leben in Tibet. Karma ist einfach das Gesetz von Ursache und Wirkung. Wer einen Apfelsamen pflanzt, bekommt keinen Mangobaum. Wenn wir Haß oder Gier ausleben, wird das unser Weg, und die Welt antwortet entsprechend. Wenn wir Achtsamkeit oder Herzensgüte praktizieren, wird das unser Weg, und die Welt antwortet entsprechend.

Wie der Künstler vor seiner Palette malen wir die Landschaften unseres Lebens mit den Farben unserer Gedanken, Werte, Handlungen und Gefühle. Die Qualität unseres Lebens ist gewürzt mit der Qualität jeden Gefühls, jeder Geste. Wir sind die Erben der Resultate unserer Handlungen, der Absichten, die wir in jede ausgelöste Bewegung hineingaben. Wir erzeugen das Kräuseln auf dem Ozean des Universums durch unser Dasein an sich.

Um die Zyklen des Karma zu verstehen, müssen wir verstehen, daß wir nicht wirklich etwas anderes sind als alle anderen. Es gibt keinen einzigen Fehler, den wir begingen, der nicht schon von jemand anderem begangen wäre, kein einziges Entzücken, das nicht schon jemand anderer zuvor empfand. Wir sehen uns selbst in den anderen und sie sich in uns. Wir sind nicht aufgerufen zu urteilen, sondern mit Freundlichkeit und Verständnis zu antworten. Wie können wir wissen, was unter den zehntausend möglichen Freuden und Leiden in den wechselnden Umständen unseres Lebens wirklich gut oder schlecht ist oder welche Lektionen wir brauchen! Was zählt, ist, wie wir auf etwas antworten. Was wir erschaffen, wie wir handeln und reagieren, verkörpert sich selbst nicht nur in unserem eigenen Leben, sondern im Leben unserer Gemeinschaften, unserer Kinder, unserer Welt. Wie und für was wir die Welt im Auge und Herzen halten, so werden wir und die Welt sein.

Die Konsequenzen unseres Daseins im Universum zu verstehen, führt nicht zu Selbstbezogenheit, Vorwurf oder Urteil. Vielmehr ermutigt uns ein solches Verständnis, die Bedeutung des Wachseins, des Bewußtseins in jedem Moment unser Leben nicht zu unterschätzen. Als bewußter Teilnehmer an der Schöpfung jeden Momentes der Welt, in der wir leben, haben wir die Kraft, zu heilen, zu lieben, mitzuempfinden und unser Mitgefühl sichtbar zu machen.

Der Weg zu Erwachen und Liebe ist ein Weg ohne Ende. Wir können den Wert einer einzigen liebenden Handlung oder die Wirkung einer einzigen fürsorglichen Geste nicht ermessen. Wir können die Resultate einer einzigen Meditation nicht kennen oder das Lernen einschätzen, das aus der Konfrontation einer einzigen Schwierigkeit mit Offenherzigkeit entstehen mag. Wenn wir uns zu dem kostbaren Reichtum der Liebe, Sorgfalt und Verbundenheit in Beziehung bringen, werden Resultate immer weniger wichtig. Wir können nur vertrauen, daß die Landschaft, die wir malen, von unserer Liebe und Sorgfalt gefärbt sein wird.

Können wir beobachten, wie unsere eigenen Antworten, unsere Sorgfalt oder Mangel derselben, parallele oder identische Antworten aus der Welt hervorbringen? Wenn wir spüren, wie Taten und Reaktionen unsere Welt erschaffen, wie möchten wir diese unsere Taten und Reaktionen ändern wollen? Wie wollten wir die uns Nahestehenden behandeln, wenn wir die Kraft des

Lebens und der Welt in unseren Händen hielten? Wie würden wir handeln, wenn all unsere Handlungen wirklich von Bedeutung sind? Angenommen, wir glauben tief daran, daß wir die Kraft des Heilens und der Transformation in unseren Händen und Herzen halten. Wie würde sich das auf unser Leben auswirken?

Als Chruschtschow seine berühmte Denunziation Stalins vortrug, soll jemand im Kongreßsaal gerufen haben: „Wo waren Sie denn, Genosse Chruschtschow, als all diese unschuldigen Leute hingemetzelt wurden?"

Chruschtschow hielt inne, schaute sich im Saal um und sagte: „Will derjenige, der das gesagt hat, so freundlich sein und aufstehen!"

Die Spannung im Saal stieg. Niemand rührte sich.

Darauf sagte Chruschtschow: „Nun, wer immer Sie sind. Sie haben jetzt Ihre Antwort. Ich war damals in genau derselben Lage, in der Sie jetzt sind."

Russisch

Ein Mann in Sussjas Stadt sah, daß er sehr arm war, und legte ihm jeden Tag im Bethaus einen Zwanziger in den Tefillinbeutel, damit er sein und der Seinen Leben zu fristen vermöchte. Seither wuchs der Wohlstand des Mannes von Mal zu Mal. Je mehr er besaß, um so mehr gab er an Sussja, und je mehr er ihm gab, um so mehr besaß er.

Einmal besann er sich aber, daß Sussja ein Jünger des großen Maggids war, und es geriet ihm in den Sinn: Wenn schon die Gabe an den Schüler so vielfältig gelohnt werde, welch ein Reichtum würde über ihn kommen, wenn er den Meister selbst beschenkte. So fuhr er nach Mesritsch und erwirkte von Rabbi Bär mit vielen Bitten, daß er eine ansehnliche Gabe von ihm annahm. Von diesem Augenblick an schwand sein Wohlstand mehr und mehr, bis aller Gewinn der gesegneten Zeit dahin war. Da kam er in seiner Betrübnis zu Rabbi Sussja, erzählte ihm alles und befragte ihn, was dies sei: Habe doch er selbst ihm gesagt, daß der Meister unmeßbar größer sei als er.

Sussja antwortete ihm: „Sieh, solange du gabst und nicht hinsahst, wem du gibst, sondern Sussja war dir recht oder ein andrer, so lange gab auch Gott dir und sah nicht hin. Als du aber begannst, dir edle und auserlesene Empfänger zu suchen, tat Gott dergleichen."

Chassidisch

Zwanzig Mönche und eine Nonne mit Namen Eshun praktizierten bei einem gewissen Zenmeister Meditation. Eshun war sehr hübsch, selbst mit ihrem kahlgeschorenen Kopf und einfachen Kleid. Mehrere der Mönche verliebten sich heimlich in sie. Einer schrieb ihr einen Liebesbrief und bestand auf einem privaten Treffen.

Eshun antwortete nicht. Am folgenden Tag hielt der Meister vor der Gruppe einen Vortrag, und als er geendet hatte, stand Eshun auf. An den Schreiber des Briefes gerichtet sagte sie: „Wenn du mich wirklich so sehr liebst, komm und umarme mich jetzt."

Zen

Einst, als Rabbi Pinas das Studierhaus betrat, sah er, wie seine Schüler, die eifrig ins Gespräch vertieft waren, bei seinem Kommen erschrocken innehielten. Er fragte sie: „Worüber habt ihr gesprochen?"

„Rabbi", sagten sie, „wir sprachen gerade darüber, wie sehr wir davor Angst haben, daß der böse Trieb uns verfolgen wird."

„Macht euch keine Sorge", entgegnete er. „Ihr seid noch nicht hoch genug entwickelt, daß er euch verfolgen würde. Derzeit seid ihr noch diejenigen, die ihn verfolgen."

Chassidisch

„Wenn du willst, daß dein Esel sich schneller bewegt, Nasruddin", sagte ein Nachbar, „nimm etwas Ammoniak und reibe es ihm auf das Hinterteil." Nasruddin stellte fest, daß diese Maßnahme geradezu wunderbar funktionierte. Eines Tages fühlte er sich ein wenig lustlos und probierte dieselbe Medizin an sich selbst.

Das Ammoniak brannte so sehr, daß er in seinem Zimmer immerzu im Kreis herumlief.

„Was ist los?" rief seine Frau, der es nicht gelang, ihn festzuhalten.

„Wenn du mich verstehen willst, verwende den Inhalt jener Flasche dort", keuchte Mulla Nasruddin.

Sufi

Ein Philosoph, der sich mit Nasruddin zum Disput verabredet hatte, kam zum Haus und mußte feststellen, daß er ausgegangen war. Voller Wut nahm er ein Stück Kreide und schrieb „Dummer Trottel" an Nasruddins Tor.

Als er heimkam und das sah, lief der Mulla eilends zum Haus des Philosophen.

„Ich hatte vergessen", sagte er, „daß du vorbeikommen wolltest. Und entschuldige mich, daß ich nicht zu Hause war. Natürlich erinnerte ich mich sofort an die Verabredung, als ich sah, daß du deinen Namen an meiner Tür hinterlassen hattest."

Sufi

Ein Mann, der an der Nordgrenze Chinas lebte, hatte das Talent, Geschehnisse zu deuten. Eines Tages rannte sein Pferd ohne ersichtlichen Grund zu den Nomaden jenseits der Grenze. Alle versuchten, ihn zu trösten, aber sein Vater sagte: „Wieso seid ihr so sicher, daß es kein Segen ist?" Ein paar Monate später kam sein Pferd zurück und brachte einen prächtigen Nomadenhengst mit. Alle beglückwünschten ihn, aber sein Vater sagte: „Wieso seid ihr so sicher, daß es keine Katastrophe ist?" Ihr Haushalt war um ein edles Pferd bereichert, auf dem der Sohn liebend gern ritt. Eines Tages stürzte er und brach sich die Hüfte. Alle versuchten ihn zu trösten, aber sein Vater sagte: „Wieso seid ihr so sicher, daß es kein Segen ist?" Ein Jahr später kamen die Nomaden mit Gewalt über die Grenze, und alle gesunden Männer nahmen Pfeil und Bogen und zogen in die Schlacht. Die chinesischen Grenzkämpfer verloren neun aus jeder Zehnerschar. Nur weil der Sohn lahm war, blieben Vater und Sohn am Leben und kümmerten sich umeinander. Wahrlich, Segen wird zur Katastrophe und Katastrophe zu Segen. Der Wandel nimmt kein Ende, noch läßt sich das Geheimnis ergründen.

Tao

AUF SEINEN REISEN begegnete der Buddha einem Dschain, dessen Übung darin bestand, still auf einem Bein zu stehen. Buddha fragte ihn: „Bitte sage mir, warum du das tust. Was wird diese Übung, auf einem Bein zu stehen, dir bringen?"

Der Dschain antwortete: „Durch diese Übung arbeite ich mein Karma aus, sie wird mich vom vergangenen Karma befreien." Buddha fragte ihn: „Wieviel hast du bisher ausgearbeitet?"

Der Dschain antwortete: „Das kann ich nicht sagen." Buddha fragte ihn: „Wieviel Karma hast du noch auszuarbeiten?"

Wieder antwortete der Dschain: „Ich weiß es nicht." Schließlich fragte der Buddha ihn: „Aber wie wirst du wissen, wenn du fertig bist mit dem Ausarbeiten deines Karmas?"

Und der Dschain konnte nur einmal mehr antworten: „Das weiß ich nicht."

Auf diese Antwort entgegnete der Buddha ihm mit den Worten: „Es ist Zeit für dich, diese Übung zu lassen und den Weg zur Beendigung des Leidens zu verstehen. Er liegt in der Wahrheit jeden Momentes hier und jetzt."

Traditioneller Buddhismus

Ein Mann fand das Ei eines Adlers und legte es in das Nest einer Hinterhofhenne. Das Adlerjunge schlüpfte mit der Kükenbrut und wuchs mit ihnen auf.

Sein Leben lang tat der Adler, was die Hinterhofhühner auch taten, denn er dachte, er sei ein Hinterhofhuhn. Er scharrte auf der Erde nach Würmern und Insekten. Er gluckste und gackerte. Und schlug mit den Flügeln, um ein paar Meter in die Luft zu flattern.

Die Jahre vergingen, und der Adler wurde sehr alt. Eines Tages sah er weit über sich am wolkenlosen Himmel einen prachtvollen Vogel, der anmutig und majestätisch auf dem kräftigen Wind dahinsegelte, und dabei kaum die großen goldenen Schwingen bewegen mußte. Der alte Adler sah in ehrfürchtigem Staunen auf. „Wer ist das?" fragte er.

„Das ist der Adler, der König der Vögel", sagte sein Nachbar. „Er gehört dem Himmel. Wir gehören dem Boden – wir sind Hühner."

So lebte und starb der Adler als Huhn, denn er war das, wofür er sich hielt.

Volksgut

Ein berühmter Mongolengeneral hatte mit seinen Truppen einen großen Teil Zentralasiens eingenommen. Inzwischen waren die Truppen erschöpft und weit von der Heimat entfernt. Er wollte weiterpreschen und die große Stadt Samarkand einnehmen, die von fünfmal so vielen Soldaten verteidigt wurde, wie er selbst hatte. Er war sicher, daß sie gewinnen konnten, aber die Soldaten sträubten sich.

Er rief sie zusammen, um einen heiligen Altar zu errichten und Rat von ihren Göttern zu erbitten. Am Ende der Zeremonie nahm der General eine große Goldmünze und sagte, er wolle sie nun werfen und sehen, was die Götter vorsahen. Wenn sie Kopf zeigte, würden die Soldaten einen großen Sieg erringen.

Der Wurf ergab tatsächlich Kopf, und von den Göttern inspiriert, zogen die Soldaten weiter und nahmen die Stadt mit Leichtigkeit.

Hinterher sagte ein Soldat zum General: „Wenn wir gesehen haben, daß die Götter mit uns sind, kann sich nichts unserem Schicksal entgegenstellen."

Der General stimmte lachend zu und zeigte ihm die Münze, die auf beiden Seiten einen Kopf hatte.

Chinesisch

LORD KRISHNA wollte die Weisheit seiner Könige testen. Eines Tages ließ er einen König namens Duryodana zu sich rufen. Duryodana war im ganzen Königreich für seine Grausamkeit und seinen Geiz bekannt, und seine Untertanen lebten in Entsetzen vor ihm. Lord Krishna sagte zu König Duryodana: „Ich will, daß du die ganze Welt bereist und mir einen wahrhaft guten Menschen findest." Duryodana antwortete: „Ja, Lord Krishna" und machte sich gehorsam auf die Suche. Er begegnete vielen Leuten und sprach mit ihnen, und nachdem lange Zeit vergangen war, kehrte er zu Lord Krishna zurück und sagte: „Ich habe getan wie geheißen und die ganze Welt nach einem wahrhaft guten Menschen abgesucht. Er ist nicht zu finden. Alle sind selbstsüchtig und böse. Nirgends gibt es diesen guten Menschen, den du suchst!"

Lord Krishna schickte ihn fort und ließ einen weiteren König namens Dhammaraja zu sich holen. Er war ein König, der für seine Freigebigkeit und Güte bekannt und beim ganzen Volke wohlbeliebt war. Krishna befahl ihm: „König Dhammaraja, ich will, daß du die ganze Welt bereist und mir einen wahrhaft bösen Menschen bringst." Auch Dhammaraja gehorchte und begegnete auf seinen Reisen vielen Leuten und sprach mit ihnen. Nachdem lange Zeit vergangen war, kehrte er zu Krishna zurück und sagte: „Lord Krishna, ich habe versagt. Es gibt Leute, die irregeleitet sind, Leute die aus Blindheit handeln, aber nirgends konnte ich einen wahrhaft bösen Menschen finden. Trotz all ihrer Fehler sind sie im Herzen gut!"

Hindu

12
WEISHEIT BRINGT GLEICHGEWICHT

Die größte Kunst des spirituellen Lebens besteht darin, das Gleichgewicht zu wahren. Die gesamten Lehren des Buddha sind in seiner Empfehlung zusammengefaßt, den mittleren Weg zu finden und zu reisen. Wir sollen uns weder im Extrem der Selbstkasteiung und Lebensfeindlichkeit noch im Extrem der Genuß- und Vergnügungssucht verlieren. Das Gleichgewicht zwischen beiden ist der Weg zu Erwachen und Freiheit. Der Weg der Ausgewogenheit bedeutet, bei dem zu bleiben und das zu lieben, was wahr ist in unserem Leben, und auf allen Ebenen unseres Seins der Wahrheit verpflichtet zu sein.

Die größte Freude im Leben erwächst nicht den Umständen, die uns umgeben, sondern dem Innern unseres eigenen Wesens. Tiefe Freude zu empfinden, ist etwas völlig anderes, als beschäftigt, zerstreut oder unterhalten zu sein, und braucht stets ein ausgewogenes Herz. Wie ein Meditationslehrer es ausdrückte: „Du kannst die Wellen nicht anhalten, aber du kannst surfen lernen." Wir können die Wechselfälle unseres Lebens weder kontrollieren noch anhalten, doch wir können lernen, zwischen ihnen zu balancieren und sie in Balance zu bringen. Dies Gleichgewicht und diese Balance sind die größte Kunst des spirituellen Lebens, zu wissen, wann wir Energie und Entschlossenheit brauchen und wann es Zeit ist, weich und nachgiebig zu sein. Zu wissen, wann wir mehr Glauben oder mehr Fragen brauchen, auf die Rhythmen unserer eigenen Herzen zu hören, die uns sagen, wann es Zeit ist für mehr Einsamkeit und Einfachheit oder Zeit zum Dienen, damit unser Mitgefühl und unsere Liebe sichtbar werden. Es gibt keine Rezepturen auf diese Fragen. Wir müssen einfach lernen, mit offenem

Herzen auf das zu hören, was jetzt in diesem Moment da ist, an diesem Tag, in diesem Leben.

Ein großer Mystiker sagte einmal: „Was nützt ein offenes Auge, wenn das Herz blind ist?" Wahre Weisheit trennt uns nicht von den Mühen und Plagen der Welt, sondern lehrt uns, mittendrin mit größerer Integrität und Mitgefühl zu leben. Weisheit enthüllt uns, daß Heiterkeit und Gelassenheit uns nicht auf einem luftigen Gipfel erwarten, nachdem wir die Welt überwunden hätten, sondern darin bestehen, daß wir auf die Herausforderungen dieses Lebens mit großer Liebe antworten. Weisheit ist keine Errungenschaft, sondern ein Seinszustand, die Art und Weise, wie wir antworten, ob wir die Herausforderungen, die das Leben an uns stellt, weder bekämpfen noch uns überwältigen lassen. Es ist eine Frage des Gleichgewichts, mit dem wir sie manifestieren. Integrität, Vergebung und Ehrlichkeit sind die Antworten auf eine lebendige Weisheit. Es sind die Qualitäten, die uns ermöglichen, im Geist der Freiheit zu schreiten und die Lektion des Lebens zu erlernen.

Wir sind Zeugen eines Zeitalters endloser Konflikte und der Zerstörung. Unser Planet leidet, menschliche Beziehungen brechen zusammen, und die einzelnen Individuen leben in Entfremdung. Der Reichtum an Ideen und Rezepten, die wir produziert haben, hat noch zu keinem sinnvollen Wandel in diesem Schmerzzyklus geführt. Der Schmerz unserer Welt wird nicht von noch mehr Ideen erlöst. Was wir brauchen, ist eine tiefgreifende Veränderung im menschlichen Herzen. Wir wollen auf den Schmerz um uns aber nicht mit Selbstgerechtigkeit, frommen Sprüchen oder Rückzug, sondern mit Liebe und Integrität antworten können. Schließlich möchten wir nicht, daß unser Leben nur eine Saga all der Dinge bleibt, die wir getan haben wollen, könnten oder sollten.

Schließen wir beim Lesen der Geschichten in diesem Kapitel einmal die Augen, um nachzudenken. Spüren wir dem nach, was in unserem Körper, unserem Leben, unseren Beziehungen aus dem Gleichgewicht geraten ist. Wann haben wir uns in Extremen der Angst, des Genießens, der Vermeidung ergangen? Wie wirkt sich das aus? Was braucht gerade jetzt in unserem Leben mehr Gleichgewicht? Was brauchen wir, um die Unausgewogenheiten, die wir feststellen, zu heilen – welche Energie, Aufmerksamkeit, Hingabe wird benötigt? Wo werden wir das finden?

Man soll sich nicht kasteien, pflegte der Rabbi der Berditschewer zu sagen. Es ist nichts als eine Verführung des bösen Triebs, der uns den Geist schwächen will, um uns am rechten Dienste Gottes zu hindern. Einmal rangen zwei starke Männer miteinander, und keiner konnte dem anderen beikommen. Da bedachte sich der eine von ihnen: Ich muß ihn so treffen, daß ich die Kraft seines Gehirns beeinträchtige, dann habe ich mit einem Schlag auch seinen Körper besiegt.

Genauso meint es der böse Trieb mit uns, wenn er uns verleitet, uns zu kasteien.

Chassidisch

Vor ungefähr einem Jahrhundert zog der erleuchtete tibetische Vagabund und Yogi Paltrul Rinpoche, wie es seine Art war, unerkannt als Bettler durchs Land, als er von einem berühmten Eremiten hörte, der lange in einsamer Abgeschiedenheit gelebt hatte. Paltrul Rinpoche suchte ihn auf und trat plötzlich und ohne Ankündigung in die dunkle Mönchshöhle, wo er sich mit einem trockenen Grinsen auf seinem verwitterten Gesicht umschaute.

„Woher kommst du?" fragte der Eremit, „und wohin gehst du?"

„Ich komme von hinter meinem Rücken und gehe in die Richtung, in die ich schaue", antwortete Paltrul.

Der Eremit war verdutzt, fuhr aber fort: „Wo bist du geboren?"

„Auf Erden", lautete die Antwort.

Jetzt wurde der Eremit langsam unruhig.

„Wie ist dein Name?" fragte er.

„Yogi Jenseits Handelns", erwiderte der unerwartete Gast.

Dann fragte Paltrul Rinpoche den Eremiten, warum er sich in einem so wilden und unzugänglichen Teil des Landes angesiedelt habe. Das war die Frage, auf die der Eremit eine Antwort parat hatte. „Ich lebe hier seit zwanzig Jahren in Meditation. Zur Zeit meditiere ich über die Vollkommenheit der Geduld." All das sagte er nicht ohne einen Anflug von Stolz. „Das ist ausgezeichnet!" sagte der anonyme Besucher. Dann beugte Paltrul sich vor, als ob er ihm ein Geheimnis anvertrauen wolle und raunte ihm zu: „Solche alten Hochstapler wie wir könnten so etwas in Wirklichkeit natürlich nie fertigbringen!"

Wütend erhob sich der Eremit plötzlich von seinem Sitz. „Was redest du da!" platzte er heraus. „Wer glaubst du, wer du bist, daß du mich in meiner Zurückgezogenheit störst? Warum bist du hergekommen? Warum kannst du einen armen Einsiedler wie mich nicht in Frieden meditieren lassen?"

„Und nun lieber Freund", sagte Paltrul Rinpoche seelenruhig, „wo ist nun deine vollkommene Geduld?"

Buddhistisch

ALS ER GEFRAGT WURDE, welches der rechte Weg sei, der des Leidens oder der der Freude, sagte der Rabbi der Berditschewer: „Es gibt zwei Arten Leid und zwei Arten Freude. Wenn jemand über das Unglück brütet, das über ihn gekommen ist, wenn er in einer Ecke kauert und hilflos verzweifelt – das ist eine schlechte Art von Leid, über die gesagt wird: Die göttliche Gegenwart weilt nicht an Orten der Trübsal. Die andere Art ist der aufrichtige Kummer eines Mannes, der weiß, was ihm fehlt. Das gleiche gilt für die Freude. Der, dem innere Substanz fehlt und der es inmitten seiner eitlen Vergnügungen nicht spürt, auch nicht versucht, seinen Mangel zu beheben, ist ein Narr. Aber der, der echte Freude empfindet, ist wie ein Mann, dessen Haus niedergebrannt ist und der seine Not tief in der Seele fühlt und anfängt, ein neues Haus zu bauen. Sein Herz freut sich bei jedem Stein, den er auf den anderen legt."

Chassidisch

EINST UNTERHIELT SICH ABT ANTHONIUS mit einigen Brüdern, als ein Jäger, der in der Wildnis auf der Jagd war, zufällig zu ihnen stieß. Er sah Abt Anthonius und die Brüder in fröhlicher Runde, was seine Mißbilligung fand. Abt Anthonius sagte: Lege einen Pfeil an deinen Bogen und schieße. Das tat er. Nun schieß noch einen, sagte der Älteste. Und noch einen, und noch einen. Der Jäger erwiderte: Wenn ich meinen Bogen dauernd anspanne, wird er mir brechen. Abt Anthonius darauf: So ist es auch mit dem Werk Gottes. Wenn wir uns im Übermaß anstrengen, werden die Brüder bald zusammenbrechen. Daher ist es von Zeit zu Zeit rechtens, daß sie in ihren Bemühungen lockerlassen.

Wüstenväter

„DAS KLOSTER DES LEERMONDS", sagte Lord Shantih einmal einem Begleiter, „hat kein Tor."

„Aber wie halten sie Diebe fern?" fragte sein Begleiter. Shantih sagte: „In einem Kloster gibt es nichts zu stehlen. Alles, was echten Wert hat, wird weggegeben."

„Und was ist mit Storenfrieden?" fragte der Begleiter. „Wie halten die Mönche sie von sich fern?"

„Die Mönche ignorieren sie", antwortete Lord Shantih.

„Aber funktioniert das?"

Lord Shantih hielt sich die Ohren zu, schloß die Augen und gab keine Antwort.

Schließlich verließ ihn sein Begleiter voll Verdruß. „Es funktioniert tatsächlich!" rief Lord Shantih ihm nach.

Thomas Wiloch

ÜBER HANS DEN KLEINEN erzählte man, daß er eines Tages zu seinem älteren Bruder sagte: „Ich möchte frei von Sorgen sein und nicht arbeiten, sondern Gott ohne Unterbrechung anbeten." Also legte er sein Gewand ab und ging in die Wüste. Nachdem er eine Woche dort geblieben war, kehrte er zu seinem Bruder zurück.

Als er an die Tür klopfte, fragte sein Bruder, ohne zu öffnen: „Wer ist da?" Er antwortete: „Dein Bruder Hans." Der Bruder sagte: „Hans ist ein Engel geworden und weilt nicht mehr unter den Menschen." Da bettelte er und flehte: „Ich bin's."

Aber sein Bruder machte die Tür nicht auf und ließ ihn bis zum nächsten Morgen draußen im Elend. Schließlich öffnete er die Tür und sagte: „Wenn du ein menschliches Wesen bist, mußt du wieder arbeiten, um zu leben." Da bereute Hans und sagte: „Vergib mir Bruder, ich habe geirrt."

Wüstenväter

AN DEN MARKTTAGEN stellte sich Mulla Nasruddin auf die Straße und ließ sich zum Idioten abstempeln.

So oft ihm die Leute auch eine große und eine kleine Münze anboten, er wählte stets die kleinere.

Eines Tages sagte ein wohltätiger Mann zu ihm: „Mulla, du solltest die größere Münze nehmen. Dann hast du mehr Geld, und die Leute haben keinen Grund mehr, dich auszulachen."

„Das mag wohl wahr sein", sagte Nasruddin, „aber wenn ich immer die größere wähle, werden die Leute aufhören, mir Geld anzubieten, um zu beweisen, daß ich blöder bin als sie. Dann hätte ich überhaupt kein Geld."

Sufi

EIN FROMMER MANN, der versuchte, nach Gottes Willen zu leben, wohnte in einem Tal auf dem Lande. Eines Tages ging ein starker Regen auf sein Tal nieder, und es gab eine Überschwemmung. Der Mann begab sich vom ersten ins zweite Stockwerk, während der Regen weiter fiel. Schließlich kletterte er auf das Dach.

Ein Rettungsboot kam vorbei und bot an, ihn in Sicherheit zu rudern, doch der Mann schickte die Leute fort und sagte: „Ich habe volles Vertrauen auf Gott. Ich bete und glaube und vertraue, daß er für mich sorgen wird. So verließ ihn das Ruderboot. Der Sturm ging weiter, es regnete unaufhörlich, und bald schon stand ihm das Flutwasser bis zum Hals.

Ein zweites Ruderboot kam zu seiner Rettung. Auch das wurde wieder fortgeschickt. „Ich habe Glauben und vertraue auf Gott. Ich bete und glaube." Es regnete weiter, und das Wasser stieg so hoch, daß der Mann kaum noch durch Mund und Nase atmen konnte.

Ein Hubschrauber flog über ihm und ließ eine Strickleiter zu seiner Rettung hinunter. „Komm rauf", riefen sie, „wir werden dich in Sicherheit bringen." „Nein", erwiderte er mit denselben Worten wie zuvor. „Ich habe Glauben an Gott. Ich bete und glaube und vertraue, und ich folge ihm." Und er schickte den Hubschrauber fort. Allerdings regnete es trotzdem weiter, das Wasser stieg und stieg, und schließlich ertrank er in den Fluten.

Er kam in den Himmel, wo ihm nach einer Weile ein Interview mit Gott gewährt wurde. Er trat ein und durfte vor dem Allmächtigen Platz nehmen. Er begann zu fragen: „Ich hatte so großen Glauben an dich. Ich glaubte so vollständig. Ich betete und versuchte deinem Willen zu folgen. Ich versteh das einfach nicht."

Da kratzte Gott sich am Kopf und sagte: „Ich verstehe das auch nicht! Ich schickte dir doch zwei Ruderboote und einen Hubschrauber."

Zeitgenössisch christlich

Dritter Teil
Unsere Wahrheit leben

Wie wir unser Leben als Verkörperung der Weisheit und des Mit-gefühls gestalten können, ist die größte Herausforderung, die sich allen spirituellen Suchern stellt. Die Wahrheiten, die wir verstanden haben, müssen ihren sichtbaren Ausdruck in unserem Leben finden. Jeder unserer Gedanken, Worte oder Taten birgt die Möglichkeit, ein lebendiger Ausdruck der Klarheit und Liebe zu sein. Es reicht nicht aus, im Besitz der Weisheit zu sein. Wenn wir überzeugt sind, Wäch-ter über die Wahrheit zu sein, werden wir zu ihrem Gegenteil, sind auf dem direkten Weg zur Schalheit, Selbstgerechtigkeit oder Starre. Ideen und Erinnerungen enthalten keine befreiende oder heilende Kraft.

In der Erleuchtung gibt es keinen Ruhestand, in dem wir von der Pension unserer vergangenen Leistungen leben könnten. Weisheit ist nur so lange lebendig, wie sie gelebt wird. Verstehen befreit nur dann, wenn es angewandt wird. Eine dicke Brieftasche voll spirituel-ler Erfahrung ist nichts wert, solange sie nicht die Kraft hat, uns durch die unvermeidlichen Augenblicke der Trauer, des Verlustes und Wan-dels zu tragen. Wissen und Leistungen zählen wenig, solange wir noch nicht gelernt haben, wie wir das Herz des anderen berühren und uns selber berühren lassen können.

Wir müssen uns aber vor Schwärmerei und Idealismus hüten. Tiefe Liebe, Mitgefühl, Empfindsamkeit und Erwachen – das sind die spi-rituellen Möglichkeiten, die uns motivieren und anziehen. Doch wir wissen, daß es leichter ist, tausend Menschen in unseren Gedanken zu lieben, als einen einzigen Menschen in Tat und Wahrheit voll-

ständig anzunehmen und zu lieben. Es ist nicht schwierig, denjenigen grenzenlose Toleranz und Mitgefühl entgegenzubringen, die uns nicht aktiv herausfordern. Wir geben zu, wie leicht es ist, im Lehnstuhl zu philosophieren, aber was tun wir dann? Nur mitten in unseren konkreten Beziehungen und Alltagsangelegenheiten können wir unsere Weisheit tatsächlich zum Ausdruck bringen und unser Mitgefühl beweisen.

Wir leben unbestreitbar verbunden mit allem Leben. Jedes Wort, jede Handlung erzeugt ein Kräuseln in diesen Verbindungen. Das zu verstehen, kann jeden Augenblick heilig machen. Es gibt keinen Kontakt, keine Wahrnehmung, kein Vorhaben, das ohne Folgen oder unbedeutend wäre. Jeder Kontakt ist eine Gelegenheit zur Vertiefung der Sensibilität und des Verständnisses. Unsere Spiritualität muß alle Bereiche unseres Lebens berühren. Da wir in unseren Körpern leben, sind wir sexuelle Wesen, und unsere Sexualität ist ein Vehikel, das Leben aller Wesen zu ehren und zu achten. Da wir miteinander in Beziehungen leben, sind wir soziale Wesen, und jede Beziehung bietet uns die Gelegenheit, mit offenem Herzen Geben und Nehmen zu lernen. Da wir bewußt oder unbewußt an den uns regierenden Strukturen teilnehmen, sind wir politische Wesen. Unsere Weisheit befähigt uns, einen Beitrag zur Schaffung von Strukturen zu leisten, die die Würde und Geistigkeit aller Wesen respektieren. Sichtbar und lebendig ist unsere Spiritualität, wenn sie jeden Aspekt unseres Lebens umfaßt.

13
DAS NICHTS, DAS ALLES ENTHÄLT

❦

Es gibt diese Momente, wo wir in Ehrfurcht vor dem Mysterium des sich entfaltenden Universums stehen und uns fragen: Wo kommt das alles her? Was bedeutet das alles? Die Planeten, die Lebewesen, die Sterne, die Jahreszeiten kommen und verschwinden wieder. Jedes Ende bringt einen neuen Anfang hervor, aus jedem Tod entsteht wieder eine neue Lebensform. Wenn wir erfahren, wie unbeständig und vergänglich jede Neugeburt ist, kann uns die ungeheure zeitlose Stille und Ganzheit berühren, die alles Aufleben und Vergehen enthält und umfaßt. Das Erkennen und Wachwerden für diesen zeitlosen Raum bringt Frieden mit allen Dingen.

In den großen spirituellen Traditionen des Ostens ist das Verständnis der Leere ein wichtiger Schritt zum Erkennen der Fülle und der essentiellen Harmonie allen Lebens. Tiefes Verstehen entspringt reiner Stille. Wenn unsere Interpretationen des Universums still geworden sind, wenn wir uns nicht länger in Vergangenheit oder Zukunft projizieren, nicht mehr jemand oder etwas sein wollen, enthüllt sich eine tiefe Stille oder Ruhe, die alle Zeiten und allen Raum, allen Wandel in sich trägt. Sie ist nicht das Gegenteil von Bewegung, sondern der essentielle Hintergrund, der alle Bewegung enthält und umfaßt.

Wenn wir unsere Ruhe vertiefen, den Körper- und Atemrhythmen lauschen lernen, entdecken wir, daß wir die Rhythmen der Jahreszeiten vernehmen, den Wechsel von Ausdehnung und Zusammenziehung, der allem innewohnt. Wir entdecken, daß alles Innere und Äußere im Stoff unseres Bewußtseins verwoben ist. Die wechselnden Rhythmen und Gezeiten des Universums spiegeln die ewig sich wandelnde Bewegung in uns. Wie in der Geschichte des Samurai in diesem Kapitel können wir in jedem Moment Himmel oder Hölle finden. Wir lernen das, indem wir uns leer machen und in dieser Leere schwimmen, indem wir Stille und Schweigen lieben und in dem Raum, der alles umfaßt, zum Frieden kommen.

Alle Dinge – auch wir – entstehen für eine gewisse Zeit und entschwinden dann wieder in die Leere. Unsere Kindheit und Jugend werden zu flüchtigen Momenten, die vorbeigehuscht sind. Sie sind ebenso vergangen wie die Dinosaurier, Pharaonen und Eisberge, die einst so große Bedeutung für die Welt hatten. Jeder Tag, jeder Augenblick erscheint und tritt alsbald wieder von der Bühne ab, um dem nachfolgenden Platz zu machen. In Augenblicken der Verzweiflung kann die endlose Abfolge von Entstehen und Vergehen ein Gefühl der Sinnlosigkeit, der Nichtigkeit erzeugen. Doch wenn wir still werden, staunen wir, wie das Leben sich selbst von Form zu Form, von Augenblick zu Augenblick erneuert. Zusammengehalten werden all die sich wandelnden Augenblicke und Formen von einer unwandelbaren Stille.

Die Leere offenbart das größte Paradox im spirituellen Leben. Wie der Tod ein Zeugnis für Geburt darstellt, wie das Ende auf einen neuen Anfang hinweist, so enthüllt die Leere sich als Fülle und Ganzheit. Wenn wir die Leere oberflächlich betrachten, können wir das Leben als Traum, Echo, Phantom oder Regenbogen abtun. Wir mögen uns einreden, daß alles Leben leer und unerheblich und daher völlig egal ist, was zu einer verächtlichen Sicht der Welt führen könnte. In solchen Zeiten ist es weise, die Lehren der großen Zenmeister zu studieren, die ihr Verständnis von Leere stolz zur Schau tragende Schüler mit einem Stockhieb begrüßten. Anschließend sollten sie dann über die Leere ihres Ärgers sprechen. Wir mögen vielleicht spüren, wie traumartig das Leben im Wesen ist, aber dennoch erleben wir seine Freuden und Leiden, Schwierigkeiten und Erfolge als hochgradig real. Für ein erfülltes und weises Leben ist es notwendig, diese beiden Dimensionen des Lebens ebenso zu verstehen und zu akzeptieren wie die zugrundeliegende Stille des Universums, die uns trägt.

Im Osten wird das Wort *Akinchina* zur Bezeichnung eines Menschen benutzt, der voll erwacht ist. Man kann es übersetzen mit „jemand, der nichts hat, nichts begehrt, auf nichts steht und zu nichts wird". Vielleicht schaudern wir entsetzt vor der Aussicht auf einen solchen Zustand zurück, setzen Leere mit Sinnlosigkeit, Vernichtung und Nichtexistenz gleich. Unser Leben besteht zum größten Teil aus Geschichten über unser Streben nach dem entgegengesetzten Zustand. Wir haben uns um Identitäten, Besitztümer und Rollen gekümmert, sind sichergegangen, daß wir wirklich jemand und etwas sind. Wir verlassen uns auf die Requisiten, die wir als Beweis für den Wert unserer Existenz ansammeln und bangen um ihren Verlust.

Wenn wir uns in die Stille versenken, entdecken wir, daß die Leere keine Angst enthält, sondern in Wahrheit voll Schönheit und Freude ist. Wenn wir in dem Raum ruhen, der unser ewig sich wandelndes Universum enthält, leben wir im Einklang mit diesem Tatbestand und finden den Beginn zu einem Leben in Harmonie. Stille bringt Ganzheit, Frieden und Wohlergehen. Wie ein hoher tibetischer Lama einmal sagte: „Wenn wir entdecken, daß wir nichts sind, entdecken wir unsere Verbundenheit mit allem."

Die Geschichten in diesem Kapitel berichten von reiner Spontaneität, Kreativität und Weisheit, die aus der Stille entstehen. Sie ermutigen uns, jenen Ort tiefster Stille und Bewußtheit in uns selbst zu entdecken. Beim Lesen der Geschichten mögen wir uns fragen, wieviel Zeit wir uns für Stille, Meditation, Gebet und Empfänglichkeit für die Natur nehmen. Welche Auswirkungen hätte es, wenn ich tiefer zuhören würde? Kann ich mehr Raum in meinen Beziehungen zulassen – Raum für die Leute um mich, damit sie sich ändern können wie die Jahreszeiten, Raum für mich selbst zur Veränderung? Kann ich in etwas Großartigem und Stillem ruhen, dem einfachen Zwischenraum zwischen jedem Atemzug? Was könnte ich an meinem Leben ändern, um die Ruhe in diesem Raum zu finden, um die Rhythmen der Welt verstehen zu lernen, eher aus meiner Mitte heraus zu leben, als mich in meinen Reaktionen zu verlieren?

ES WAR EINMAL EIN MANN, der auf der Suche nach seinem innigsten Verlangen durch die Welt zog. Er wanderte von Stadt zu Stadt, von einem Reich zum anderen und suchte nach Erfüllung und nach Glücklichsein, aber all sein Umherziehen führte zu nichts. Eines Tages schließlich setzte er sich erschöpft von seiner Suche unter einen großen Baum am Fuße eines Berges. Er wußte nicht, daß es der Große Wunscherfüllende Baum war. Was immer man sich wünscht, wenn man darunter sitzt, geht sofort in Erfüllung.

Wie er in seiner Müdigkeit dort ausruhte, dachte er bei sich: „Was für ein wunderschöner Platz das ist. Ich wünschte, ich hätte hier ein Zuhause." Und augenblicklich erschien vor seinen Augen ein wunderschönes Haus. Überrascht und hocherfreut dachte er weiter: „Ach, wenn ich nur eine Gesellin mir zur Seite hätte, dann wäre mein Glück vollkommen", und im Nu erschien eine schöne Frau, die ihn „Ehemann" nannte und ihm winkte.

„Also erst einmal bin ich hungrig", dachte er. „Ich wünschte, es gäbe etwas zu essen." Sofort erschien eine Festtafel mit allen erdenklichen Speisen und Getränken, Hauptgänge, Gebäck, Süßigkeiten aller Art. Der Mann setzte sich und machte sich daran, seinen Hunger zu stillen, aber noch während des Mahles kam ihm, da er immer noch müde war, der Gedanke: „Ich wünschte, ich hätte einen Diener, der mich mit den restlichen Speisen bedient", und tatsächlich erschien ein Diener.

Nach Beendigung des Mahles lehnte der Mann sich mit dem Rücken an diesen wundervollen Baum und begann nachzusinnen: „Wie erstaunlich, daß alles, was ich wünsche, wahr geworden ist. Dieser Baum hat eine mysteriöse Kraft. Ich frage mich, ob ein Dämon in seinem Innern lebt." Und tatsächlich, kaum daß er zu Ende gedacht hatte, tauchte ein riesiger Dämon auf.

„O weh", dachte er, „der Dämon will mich wahrscheinlich auffressen", und genau das tat er auch.

Hindu

„Wirst du mich Schweigen lehren?" fragte ich. „Aha!" – Er schien erfreut. „Möchtest du das Große Schweigen?"

„Ja, das Große Schweigen." „Nun, was glaubst du, wo es zu finden ist?" fragte er. „Tief in meinem Innern vermutlich. Wenn ich nur tief genug in mich gehen könnte, würde ich sicher endlich dem Lärm entgehen. Aber es ist so schwer. Wirst du mir helfen?" Ich wußte, er würde es tun. Ich konnte sein Interesse spüren, und sein Geist war so still. – „Also, ich bin dort gewesen", antwortete er. „Ich habe Jahre verbracht, hineinzugehen. Tatsächlich kostete ich das Schweigen dort. Aber eines Tages kam Jesus – vielleicht war es meine Einbildung – und sagte nur zu mir: ‚Komm, folge mir.‘ Ich ging heraus und bin nie zurückgekehrt."

Ich war sprachlos. „Aber das Schweigen ..."

„Ich habe das Große Schweigen gefunden und verstanden, daß der Lärm im Innern war."

Vater Theophanus

Ein grosser, harter Samurai ging einmal einen kleinen Mönch besuchen. „Mönch", sagte er in einem Ton, der sofortigen Gehorsam gewohnt ist, „lehre mich etwas über Himmel und Hölle!"

Der Mönch sah zu dem mächtigen Krieger auf und entgegnete voller Verachtung: „Dich etwas über Himmel und Hölle lehren? Überhaupt nichts könnte ich dich lehren. Du bist schmutzig. Du stinkst. Deine Klinge ist rostig. Du bist eine Scham und Schande für die Klasse der Samurais. Geh mir aus den Augen. Ich kann dich nicht ertragen."

Der Samurai war wütend. Er zitterte, wurde ganz rot im Gesicht, war sprachlos vor Wut. Er zog sein Schwert und hob es in die Höhe, um den Mönch damit zu erschlagen.

„Das ist die Hölle", sagte der Mönch sanft.

Der Samurai war überwältigt. Das Mitgefühl und die Ergebenheit dieses kleinen Mannes, der sein Leben hergab, um ihm diese Lehre zu geben und ihm die Hölle zu zeigen! Langsam senkte er sein Schwert, erfüllt von Dankbarkeit und plötzlichem Frieden.

„Und das ist der Himmel", sagte der Mönch sanft.

Zen

NASRUDDIN HIELT EINE ARMENDIÄT aus Kichererbsen und Brot. Sein Nachbar, der ebenfalls beanspruchte, ein Weiser zu sein, lebte in einem Luxushaus und hielt üppige Mahlzeiten, die er vom Kaiser persönlich empfing.

Der Nachbar sagte zu Nasruddin: „Wenn du nur lerntest, dem Kaiser zu schmeicheln und untertänig zu sein wie ich, brauchtest du nicht von Kichererbsen und Brot zu leben."

Nasruddin antwortete: „Und wenn du nur lerntest, von Kichererbsen und Brot zu leben wie ich, brauchtest du dem Kaiser nicht zu schmeicheln und untertänig zu sein."

Sufi

DER TEUFEL ERSCHIEN einem Bruder in der Verkleidung eines Lichtengels und sagte: „Ich bin der Engel Gabriel und bin dir gesandt worden." Der Bruder sagte jedoch zu ihm: „Schau, ob du nicht zu jemand anderem gesandt wurdest. Ich verdiene gewiß nicht, daß mir ein Engel gesandt wird." Der Teufel verschwand augenblicklich.

Wüstenväter

EINE JUNGE SCHÜLERIN machte sich zur Aufgabe, die Meditation der Herzensgüte zu erlernen. Sie saß in ihrem kleinen Zimmer und füllte ihr Herz mit liebender Güte für alle Wesen, aber jeden Tag, wenn sie im Basar ihr Essen holen wollte, wurde ihre Herzensgüte von einem der Ladeninhaber schwer geprüft, der sie täglich mit unwillkommenen

Liebkosungen überschüttete. Eines Tages konnte sie es nicht länger ertragen und scheuchte den Ladeninhaber mit ihrem erhobenen Schirm die Straße hinunter. Zu ihrer größten Verlegenheit kam sie an ihrem Lehrer vorbei, der am Straßenrand stand und das Spektakel beobachtete. Zutiefst beschämt blieb sie vor ihm stehen und erwartete, daß er sie wegen ihres Zornes tadeln würde.

„Was du tun solltest", riet ihr der Lehrer freundlich, „fülle dein Herz mit liebender Güte, und schlage, mit soviel Achtsamkeit, als du aufbringen kannst, diesem unverschämten Kerl deinen Schirm auf den Kopf."

Buddhismus

Der Ex-Kaiser: „Gudo, was geschieht dem Mann der Erleuchtung und dem Mann der Illusion nach dem Tode?"

Gudo: „Wie sollte ich das wissen, mein Herr?"

Der Ex-Kaiser: „Nun, du bist doch der Meister!"

Gudo: „Ja, aber kein toter!"

Zen

Eines Tages ging der berühmte Schwertkämpfer und Zenanhänger Tesshu zu Dukuon und berichtete ihm triumphierend, er glaube, daß alles, was existiert, leer ist, es weder du noch ich gibt, usw. Der Meister hörte schweigend zu, bis er plötzlich seine lange Tabakpfeife ergriff und Tesshu auf den Kopf schlug.

Der erzürnte Schwertkämpfer hätte den Meister auf der Stelle getötet, doch Dukuon sagte ruhig: „Die Leere ist schnell dabei, Ärger zu zeigen, nicht wahr?"

Mit einem gezwungenen Lächeln verließ Tesshu den Raum.

Zen

ABBA NISTEROS DER GROSSE wanderte mit einem Bruder durch die Wüste. Da sahen sie einen Drachen und rannten fort. Dann sagte der Bruder zu ihm: „Hast auch du Angst, Vater?" Der alte Mann antwortete: „Ich hatte keine Angst, mein Sohn, aber es war gut für mich, vor dem Drachen wegzulaufen; sonst wäre ich nicht dem Geist eitler Selbstherrlichkeit entgangen."

Wüstenväter

14
DEN WAHREN WEG FÜR SICH ENTDECKEN

Die Wege zum Erwachen sind zahlreich, die Lehren tief und vielfältig. Führer aus Vergangenheit und Gegenwart bieten uns ihren Reichtum und die Weisheit ihrer Erfahrung an. Noch nie gab es eine Zeit, wo der spirituelle Reichtum der Jahrhunderte uns so leicht zugänglich war wie heute. Die Karten sind wahr und haben Sinn für uns, allerdings nur, wenn wir die Reise tatsächlich selber unternehmen.

Wir entdecken schon bald, daß es keine Einheitskarte zur Erleuchtung gibt. Jeder von uns ist einzigartig, mit einzigartigen Begabungen und Stärken. Es reicht nicht, denen nachzueifern, die den Weg vor uns gegangen sind. Es hat keinen Zweck, uns an dem Modell eines anderen zu orientieren, ganz gleich wie sehr wir dessen spirituelle Größe bewundern. Die fundamentale Botschaft jedes großen spirituellen Lehrers ist die, daß wir durch unsere eigenen Augen sehen und den Weg selber reisen lernen müssen.

Andere lehren uns die Grundbegriffe, die für den Beginn jedes authentischen spirituellen Unternehmens nötig sind, nämlich Integrität, Mitgefühl und Aufmerksamkeit. Doch wir müssen selber entdecken, wie wir diese zur Blüte bringen. Die Karte ist nicht die Reise. Ein chassidischer Rabbi namens Zashu sagte seinen Schülern: „Wenn ich sterbe, wird Gott mich nicht fragen, ob ich in meinem Leben wie Moses oder Josua war. Er wird mich fragen, ob ich Zashu war." Klar sehen und achten, was jetzt hier in unserem Leben ist, unsere eigenen inneren Talente erfüllen und darbringen – das ist unser spiritueller Weg. Unser Leben einen tiefen Ausdruck innerer Herzenswerte werden lassen, kennenlernen und pflegen, was uns wach macht – das ist unser Weg.

. Das muß jeder von uns selber tun. Wie sehr wir uns auch danach sehnen, niemand kann uns die Freiheit liefern, niemand außer uns selbst kann unser Herz öffnen. Aber wir können uns von anderen inspirieren und motivieren lassen, die spirituelle Reise zu unternehmen und zu unserer eigenen zu machen. Ein spiritueller Weg ist authentisch, wenn wir lernen, jeden Tag ein größeres Maß an Freude, Harmonie und Klarheit in unser Leben zu bringen. Wenn wir aus der eigenen Erfahrung lernen, daß der Weg uns zur Transformation befähigt und uns befreit, wissen wir, daß er echt ist.

Die Geschichten in diesem Kapitel handeln von denen, die auf verschiedene Arten an verschiedenen Orten ihren eigenen wahren Weg entdeckt haben. Sie ermutigen uns zum Fragen, lassen uns Glaubenssysteme und Modelle durchschauen und bringen die Authentizität und Einfachheit des spirituellen Lebens zum Vorschein.

In den Geschichten wird auch die große spirituelle Frage gestellt, was wir der Erde zurückgeben möchten, was wir als Beitrag zum Wohlergehen unserer Welt anbieten können. Wenn wir einen Weg finden, der uns aufweckt, finden wir auch ungeheure Dankbarkeit. In so vieler Hinsicht wurde für uns gesorgt, in großen und kleinen Dingen. Wir wurden getragen, geführt, geliebt. Das weise Herz sehnt sich danach, zu geben, zu tragen und für die Welt zu sorgen, die uns ernährt hat. Was wir anzubieten haben, mag durch Schweigen oder Handeln geschehen, aber immer ist es das Geben, das uns ermöglicht, unsere Zeit hier mit soviel Liebe und Mitgefühl wie möglich auszufüllen.

Wenn wir die Geschichten lesen, können wir über unser eigenes Leben nachsinnen. Lassen wir uns von unserem Herz führen? Leben wir in einer Integrität und Liebe, die erfüllt, was wir als wahr erkannt haben? Was ist unser eigener wahrer Weg und was könnte es bedeuten, jenem Trommler zuzuhören, jenen Weg, tatsächlich zu gehen? Was müssen wir vielleicht ändern, um das zu tun?

IN DER STADT SAVATTHI in Nordindien hatte der Buddha ein großes Zentrum, wo die Menschen zum Meditieren hinkamen und sich seine Reden über das Dharma anhörten.

Ein junger Mann kam jeden Abend in seine Vorträge. Jahrelang kam er und hörte dem Buddha zu, setzte aber die Unterweisungen nie in die Praxis um.

Nach einigen Jahren kam dieser Mann eines Abends etwas früh und traf den Buddha allein an. Er ging auf ihn zu und sagte: „Mein Herr, ich habe eine Frage, die immer wieder auftaucht und mir Zweifel bereitet."

„Oh? Auf dem Weg des Dharma sollte es keine Zweifel geben, lasse sie klären. Was ist deine Frage?"

„Mein Herr, seit vielen Jahren komme ich nun in euer Meditationszentrum und habe bemerkt, daß Euch viele Einsiedler umgeben, Mönche und Nonnen, und noch viel mehr weltliche Bürger, Männer wie Frauen. Einige von ihnen kommen seit Jahren zu Euch. Einige von ihnen haben, wie ich sehen kann, gewiß das Ziel erreicht und haben ganz eindeutig die volle Befreiung erlangt. Auch kann ich sehen, daß andere in ihrem Leben einige Veränderung erfahren haben. Sie haben die volle Befreiung erlangt. Aber mein Herr, ich bemerke auch, daß eine große Anzahl von Leuten, mich selber eingeschlossen, genau so sind, wie sie waren, oder vielleicht noch schlimmer. Sie haben sich überhaupt nicht geändert, oder jedenfalls nicht zum Besseren. Warum sollte das so sein, mein Herr? Die Leute kommen zu Euch, einem so großen Mann, der voll erleuchtet ist, so mächtig, so voller Mitgefühl. Warum gebraucht ihr Eure Macht und euer Mitgefühl nicht, um sie alle zu befreien?"

Der Buddha lächelte und sagte: „Junger Mann, wo wohnst du? Wo ist dein Heimatort?"

„Mein Herr, ich wohne hier in Savatthi, der Hauptstadt des Staates Kosala."

„Ja, aber deine Gesichtszüge verraten, daß du nicht aus diesem Teil des Landes stammst. Wo kommst du ursprünglich her?"

„Ich komme aus der Stadt Rajagaha, der Hauptstadt des Staates

Magadha. Vor einigen Jahren kam ich nach Savatthi und ließ mich hier nieder."

„Und hast du alle Verbindungen mit Rajagaha abgebrochen?"

„Nein, mein Herr, ich habe noch Verwandtschaft dort. Ich habe Freunde dort. Ich habe Geschäfte dort."

„Dann mußt du sicher häufig von Savatthi nach Rajagaha gehen?"

„Ja, mein Herr. Viele Male im Jahr besuche ich Rajagaha und kehre nach Savatthi zurück."

„Wenn du so viele Male den Weg von hier nach Rajagaha gereist bist, wirst du den Weg gewiß gut kennen?"

„O ja, mein Herr, ich kenne ihn sehr gut. Fast könnte ich sagen, daß ich den Weg nach Rajagaha auch mit verbundenen Augen finden würde, so oft bin ich ihn gegangen."

„Und deine Freunde, die dich gut kennen, wissen vermutlich, daß du aus Rajagaha stammst und dich hier niedergelassen hast? Sie wissen auch, daß du oft nach Rajagaha reist und wieder zurückkommst, und daß du den Weg von hier nach Rajagaha aufs beste kennst?"

„O ja, mein Herr. Alle, die mir nahestehen, wissen, daß ich oft nach Rajagaha gehe und daß ich den Weg bestens kenne."

„Dann kommt es gewiß vor, daß einige von ihnen zu dir kommen und dich bitten, ihnen den Weg von hier nach Rajagaha zu erklären? Verheimlichst du irgend etwas, oder schilderst du ihnen den Weg ganz klar?"

„Was gäbe es da zu verheimlichen, mein Herr! Ich schildere ihnen den Weg so klar, wie ich kann: Erst gehst du nach Osten und dann in Richtung Benares, dann weiter geradeaus, bis du nach Gaya kommst und dann Rajagaha. Ich erkläre alles sehr einfach, mein Herr."

Und diese Leute, denen du so klare Anweisung gibst, erreichen sie alle Rajagaha?"

„Wie kann das sein, mein Herr? Die, die den ganzen Weg bis zum Ende gehen, nur die werden Rajagaha erreichen."

„Das ist es, was ich dir erklären möchte, junger Mann. Die Leute kommen zu mir, weil sie wissen, da ist jemand, der den Weg von hier zum Nirvana gegangen ist und ihn bestens kennt. Sie kommen zu mir und fragen: Was ist der Weg zum Nirvana, zur Befreiung?" Und was gäbe es zu verheimlichen? Ich erkläre ihnen alles ganz deutlich: Das ist der Weg. Wenn jemand nur mit dem Kopf nickt und sagt, ‚Gut gesprochen, ein sehr guter Weg, aber ich werde keinen Schritt darauf tun, ein wundervoller Weg, aber ich mache mir nicht die Mühe, ihn zu gehen‘, wie kann jemand so das Ziel erreichen?"

„Ich trage niemanden auf meinen Schultern, um ihn an das letzte Ziel zu bringen. Niemand kann einen anderen auf den Schultern zum letzten Ziel tragen. In Liebe und Mitgefühl kann er höchstens sagen, ‚Also, so ist der Weg, und so bin ich ihn gegangen. Arbeite auch du, gehe du ihn auch, und du wirst das Ziel erreichen.‘ Aber jeder Mensch muß ihn selber gehen, muß jeden Schritt des Weges selber tun. Wer einen Schritt gemacht hat, ist einen Schritt näher am Ziel. Wer hundert Schritte gemacht hat, ist hundert Schritte näher am Ziel. Wer alle Schritte auf dem Weg gemacht hat, hat das letzte Ziel erreicht. Du selbst mußt den Weg gehen."

Früher Buddhismus

WIR MÜSSEN UNS GEWAHR SEIN, wie die Leute zur Nachahmung ihrer Lehrer neigen. Sie werden zu Kopien, Abzügen, Klischees. Wie in der Geschichte von dem Pferdetrainer des Königs. Der alte Trainer starb, und der König stellte einen neuen ein. Unglücklicherweise hinkte der Mann beim Gehen. Neue und wunderschöne Pferde wurden ihm gebracht, und er trainierte sie aufs feinste – traben, springen, Kutschen ziehen. Aber jeder neue Hengst begann zu lahmen. Schließlich ließ der König den Trainer zu sich rufen, und als er eintrat, sah er, wie der hinkte, verstand alles und stellte sofort einen neuen Trainer ein.

Buddhistisch

Der grosse persische Dichter Jalaluddin Rumi hatte einen außergewöhnlichen Lehrer namens Schams. Schon als Kind schien Schams anders zu sein. Seine eigenen Eltern waren sich uneins, ob sie ihn ins Kloster oder ins Land der Narren schicken sollten. Sie wußten nicht, was mit ihm zu tun sei.

Als er erwachsen war, erzählte er ihnen die Geschichte von dem Entenei, das von der Henne gefunden und ausgebrütet wurde. Die Henne zog das Entlein mit den anderen Küken auf. Eines Tages gingen sie zum See. Die Ente ging geradewegs ins Wasser, schwamm und tauchte, während die Henne ängstlich am Ufer blieb. Schams sagte zu seinen Eltern: „Nun, Vater und Mutter, habe ich meinen Platz gefunden. Ich habe gelernt, im Meer zu schwimmen, auch wenn ihr an der Küste bleiben müßt."

Persisch

„Der Hauptgrund, warum viele Menschen unglücklich sind, ist darin zu suchen, daß sie eine erstaunliche, aber offensichtliche Befriedigung aus ihren Leiden gewinnen", sagte der Meister.

Dann erzählte er, wie er einmal auf einer Bahnfahrt im oberen Bett eines Liegewagens die Nacht verbrachte. Es war ihm unmöglich einzuschlafen, da von unten her ein ständiges Stöhnen an sein Ohr drang: „Ach, bin ich durstig ... ach, bin ich durstig ...!"

Da das Stöhnen kein Ende nehmen wollte, sondern im Gegenteil immer lauter wurde, kletterte der Meister schließlich die Leiter hinunter, ging durch den ganzen Zug zum Speisewagen, kaufte zwei Becher Bier, ging den langen Weg zu seinem Abteil zurück und reichte dem geplagten Mitreisenden die beiden Becher.

„Hier ist etwas zu trinken!"

„Wunderbar, Gott sei Dank!"

Der Meister stieg die Leiter hinauf und streckte sich mit einem Seufzer aus. Kaum hatte er die Augen geschlossen, hörte er es von unten stöhnen: „Ach Gott, war ich durstig ... ohweh, war ich durstig!"

Sufi

Zwei Schüler eines alten Rabbi hatten ein Streitgespräch über den wahren Weg zu Gott. Der eine sagte, daß der Weg auf Anstrengung und Energie aufbaue. „Du mußt dich voll und ganz hingeben, mit aller Anstrengung dem Weg des Gesetzes folgen. Beten, aufmerksam sein, rechter Lebenswandel." Der zweite Schüler war nicht einverstanden. „Er ist ohne alle Anstrengung. Die basiert nur auf dem Ego. Er ist reine Selbstaufgabe. Dem Weg zu Gott folgen, aufwachen, heißt, alle Dinge loszulassen und die Lehre zu leben. Nicht mein, sondern Dein Wille."

Da sie sich nicht einigen konnten, wer nun recht hatte, gingen sie zu ihrem Meister. Er hörte zu, wie der erste Schüler den Weg der rückhaltlosen Anstrengung pries, und auf seine Frage: „Ist das der wahre Weg?" entgegnete der Meister: „Du hast recht." Der zweite Schüler war ganz aufgebracht und beschrieb mit schönen Worten den Weg der Selbstaufgabe und Loslösung. Als er fertig war, fragte er: „Ist das nicht der wahre Weg?" und der Meister entgegnete: „Du hast recht." Ein dritter Schüler, der dabeisaß, sagte: „Aber Meister, sie können nicht beide rechthaben", und der Meister lächelte und sagte: „Du hast auch recht!"

Chassidisch

Nasruddin besuchte ein Fussballspiel. Er hatte gebrüllt bis zur Halbzeit und war durstig geworden. „Ich besorge mir ein Glas Wasser zu trinken", sagte er zu seinem Freund.

„Und eines für mich", sagte der Freund.

Nach ein paar Minuten kam Nasruddin zurück.

„Ich habe versucht, für dich Wasser zu trinken, aber nachdem ich meines getrunken hatte, stellte ich fest, daß du gar keinen Durst mehr hattest."

Sufi

15
LOSLASSEN

Loslösung oder Loslassen gilt als die Quintessenz des spirituellen Lebens, als Herzstück der spirituellen Praxis. Loslösung bringt sofortige und tiefe Offenbarungen. Wir entdecken, wie wir, wenn wir nicht mehr voller Meinungen und Erwartungen stecken, wirklich empfänglich sind. Wenn wir keine Angst mehr vor Verlust haben, beginnen wir, uns vorbehaltlos der Welt um uns zu öffnen. In der Entdeckung des Alleinseins liegt die Entdeckung dessen, was es bedeutet, wahrhaft mit anderen zusammenzusein. Loslassen ist ein Ausdruck des Erbarmens mit uns selbst und der Liebe zu dem Universum, in dem wir leben.

Wenn wir auf diesem Weg der inneren Transformation reisen, werden wir ermutigt, uns von allem zu lösen, jede Form des Festhaltens aufzugeben. Wir werden ermutigt, unsere Beschäftigung mit der Vergangenheit, unsere Investitionen in die Zukunft, unser Klammern an die Gegenwart loszulassen. Wir werden ermutigt, auf unsere Vorstellungen, Erwartungen, Ängste und Schuldgefühle zu verzichten. Wir lernen, daß Festhalten der Weg zu Beschränkung ist. Loslassen der direkte Weg zum Aufwachen. Dieses Loslösen erlaubt uns, ganz gegenwärtig zu sein, anstatt uns mit etwas zu beschäftigen, was war oder worauf wir hoffen.

Das mag sich nach einer strengen, furchtbaren Lehre anhören. Vielleicht fragen wir uns, ob uns nach diesem Loslassen noch irgendein Sinn bleibt. Vielleicht fürchten wir, daß wir leidenschaftslos, leer und ohne Orientierung sein werden, wenn wir uns von allem gelöst haben, was uns zuvor zu unserer eigenen Definierung diente. Uns wurde beigebracht, daß ohne etwas sein mit Entbehrung gleichzusetzen ist, daß Alleinsein Einsamkeit bedeutet. Wenn der Preis für die Freiheit diese totale Loslösung ist, mögen wir zweifeln, ob wir bereit oder auch nur fähig sind, ihn zu zahlen. Doch unsere Offenheit wird es uns bei jedem Schritt lohnen.

Im spirituellen Leben ist kein Raum für Kompromisse. Das Erwachen läßt sich nicht erfeilschen, wir können nicht, was uns gefällt, festhalten und es gegen den Verzicht auf Dinge eintauschen, die uns nicht so wichtig sind. Eine lauwarme Sehnsucht nach Erwachen reicht nicht aus, um uns durch die Schwierigkeiten im Prozeß des Loslassens zu schiffen. Es ist wichtig, daß wir verstehen, daß alles, was wir verlieren können, niemals wirklich unser war, daß alles, woran wir uns klammern, nur unser Gefängnis ist.

Das spirituelle Leben lehrt uns die Freude des Loslassens, und diese großartige Kunst dient uns in allen Lebensumständen, ob es darum geht, uns dem Räuber in unserer eigenen Höhle oder den unvermeidlichen Veränderungen in unserem Leben in Anmut zu stellen. Loslassen erlaubt uns ein weises Leben. Das Leben ist unweigerlich ein Loslöseprozeß zu immer größeren Fähigkeiten des Seins, vom Säugling zur Kindheit, Jugend und dem Erwachsensein. Wenn wir unsere Ängste und Gewohnheiten loslassen, kann eine weiträumige Weisheit auftauchen. Wenn wir durch diese Welt ständigen Wandels ziehen und Überzeugungen und Vorlieben aufgeben, bleibt als fixer Sinn unserer selbst, mit dankbarem und weitem Herzen einen Tag auf einmal zu nehmen. Das Alte freizugeben, bedeutet, daß das Neue geboren werden kann. Das ist Freiheit.

Wenn wir klar sehen, entdecken wir, daß wir nie wirklich die Besitzer, die Eigentümer der Dinge unseres Lebens sind. Unser Heim, was wir „mein" nennen, und sogar unsere Kinder sind nur auf Zeit hier bei uns. Wir leben unsere Beziehung zu ihnen entweder geschickt und weise oder besitzergreifend und unweise. Nicht einmal unser Körper gehört uns. Er ist ein Geschenk, das sich verändern wird und schließlich auf seine eigene Art freigegeben werden muß. Seine wechselnden Zyklen reflektieren ganz und gar die Natur der Welt. Weder können wir irgend etwas besitzen noch aufhalten. wir sind aufgefordert, uns weise auf alle Dinge zu beziehen, nicht anklammernd und besitzergreifend, sondern indem wir lieben. Das bedeutet, einen Moment auf einmal loszulassen – im Geist der Liebe und der Achtung. Wenn wir wirklich gegenwärtig sein können, entdecken wir, daß das, was wir zutiefst suchen, schon immer bei uns war.

Die Freude, die die Geschichten dieses Kapitels zum Ausdruck bringen, ist die Freude, die jedes Loslassen mit sich bringt. Wenn wir die Geschichten hier lesen, können wir darüber nachsinnen, wovon wir uns am schwersten lösen können. Und warum? Was müssen wir loslassen, um freier zu leben? Wo halten wir an Ideen und Erwartungen fest, die uns daran hindern, unsere Mitmenschen ganz zu lieben? Was besitzen wir, das uns unsere Freiheit nimmt? Können wir uns die Veränderungen vorstellen, die unser Loslassen mit sich brächte?

EINST KAMEN RÄUBER in das Kloster der Wüstenväter und sagten zu einem der Ältesten: „Wir sind gekommen, dir alles wegzunehmen, was in deiner Zelle ist." Und er sagte: „Meine Söhne, nehmt soviel ihr wollt." Sie nahmen alles, was sie in der Zelle finden konnten und verschwanden. Aber sie hatten einen kleinen Sack dagelassen, der in der Zelle versteckt war. Der Älteste schnappte ihn und folgte ihnen. Er rief ihnen nach: „Meine Söhne, nehmt dies mit, das habt ihr in der Zelle vergessen!" Verwundert über die Geduld des Ältesten brachten sie alles in seine Zelle zurück, taten Buße und sagten: „Dieser hier ist wirklich ein Mann Gottes!"

Wüstenväter

AUF MEINEM WEG NACH OBEN traf ich einen Bettler und gab ihm etwas Geld. Meine heilige Mutter hatte mich gelehrt, nie an einem

Bettler vorbeizugehen, ohne ihm etwas zu geben. Aber er nahm meine Münze und schnipste sie mit verächtlichem Blick in die Büsche. „Ich brauche dein Geld nicht", knurrte er. „Warum gibst du mir nicht deine Langeweile?"

Was konnte ich sagen? Ich hörte mich sagen: „Ich muß meine Frau fragen." Und eilte weiter, bevor er noch mehr Verheerung in mir anrichten konnte.

Nun hatte ich andere Dinge für meine Klausur geplant, über die ich nachdenken wolle, aber seine Worte kamen immer wieder dazwischen. „Warum gibst du mir nicht deine Langeweile?"

„Nein, ich kann nicht. Das nicht. Ich muß meine Frau fragen. Kann ich dir nicht etwas anderes geben? Du verstehst meine Lage nicht. Ich tue's nicht."

Vierzig Tage lang weigerte ich mich.

Am vierzigsten Tag stand ich auf, verließ das Kloster und warf ihm meine Langeweile in den Schoß. Wißt ihr, was er sagte?

Vater Theophanus

DIE TIERE HIELTEN VERSAMMLUNG und beklagten sich über die Menschen, die ihnen immer Dinge wegnahmen.

„Sie nehmen meine Milch", sagte die Kuh. „Sie nehmen meine Eier", sagte die Henne. „Sie nehmen mein Fleisch als Schinken", sagte das Schwein. „Sie jagen mich wegen meines Öls", sagte der Wal.

Schließlich sprach die Schnecke. „Ich habe etwas, das sie mir sicher wegnehmen würden, wenn sie könnten. Etwas, das sie mehr begehren als alles andere. Ich habe *Zeit*."

Sufi

Es waren einst zwei alte Männer, die viele Jahre zusammengelebt hatten, aber nie stritten. Nun sagte der eine von ihnen: „Laß uns einmal streiten, ganz wie die anderen Leute es tun." Und der andere sagte: „Ich weiß nicht, wie ein Streit entsteht." Da sagte der erste: „Schau, ich lege einen Ziegelstein zwischen uns und sage dann, ‚das ist meiner', und du sagst, ‚nein, das ist meiner', und dann beginnt ein Streit." So legten sie einen Stein zwischen sich, und der eine von ihnen sagte: „Das ist meiner." Und dann sagte der andere: „Nein, das ist meiner." Und er gab zurück: „In der Tat, soll er dir gehören, so nimm ihn an dich und geh!" Und so gingen sie ihres Weges, ohne miteinander streiten zu können.

Wüstenväter

Wenn ein Mann den Fluss überquert
und ein leeres Boot an sein eigenes Kanu stößt,
wird er sich nicht ärgern,
selbst wenn er leicht in Wut gerät.
Doch sieht er einen Mann in dem Boot,
wird er ihn beschimpfen, er soll wegsteuern.
Wenn sein Ruf nicht gehört wird, ruft er noch einmal
und noch einmal und fängt an zu fluchen.
Alles nur, weil das Boot einen Insassen hat.
Doch wäre das Boot leer,
er würde weder schimpfen noch ärgerlich sein.

Wenn du dein eigenes Boot leermachen kannst,
während du den Fluß der Welt überquerst,
wird sich dir niemand entgegenstellen,
wird niemand dir schaden wollen.

Dschuang Tse

Als Ramana Maharshi im Sterben lag, kam ihm das Klagegeschrei seiner Anhänger zu Ohren. Er fragte einen seiner Leibwächter: „Warum sind sie so verzweifelt?" Sein Leibwächter antwortete: „Weil du sie verläßt, Meister." Ramana wandte sich verwundert an seinen Leibwächter: „Aber wo denken sie, daß ich hingehen könnte?"

Hindu

In Indien haben die Jäger eine bewährte Methode der Affenjagd. Eine Kokosnuß wird ausgehöhlt, und man macht ein Loch hinein, gerade groß genug, daß die offene Hand des Affen hindurchpaßt. Dann wird die Kokosnuß mit einem verlockenden Köder in sich auf dem Boden befestigt. Kommt dann ein Affe, der das Essen in der Kokosnuß haben will – owei, sobald er es packt und in der Faust hält, kann er die Hand mit dem Köder nicht mehr aus der Kokosnuß herausziehen. So bleibt er in der Falle seiner eigenen Unwilligkeit gefangen, die Faust zu öffnen.

Hindu

Es war einmal ein Kind aus Salz, das so gern wissen wollte, woher es kam. So machte es sich auf eine lange Reise und besuchte viele Länder auf der Suche nach dem Verstehen. Schließlich kam es an die Küste des großen Ozeans. „Wie wunderbar", rief es aus und steckte einen Fuß ins Wasser. Der Ozean lockte und sagte: „Wenn du wissen möchtest, wer du bist, hab keine Angst." Das Kind ging immer tiefer ins Wasser, und mit jedem Schritt löste es sich weiter auf. Am Ende rief es aus: „Ah, nun weiß ich, wer ich bin."

Traditionell

ALS DER MULLA IN SEINEM DORF als Richter amtierte, kam eine ramponierte Gestalt in den Gerichtssaal gerannt und verlangte ihr Recht.

„Ich bin überfallen und ausgeraubt worden", rief er Mann, „gerade hier außerhalb des Dorfes. Es muß jemand von hier gewesen sein. Ich verlange, daß ihr den Schuldigen ausfindig macht. Er nahm mir meine Robe, Schwert, sogar die Stiefel."

„Laß mal sehen", sagte der Mulla, „hat er nicht dein Unterhemd genommen, das du noch trägst, wie ich sehe?"

„Nein, das hat er nicht genommen."

„In dem Fall war er nicht aus diesem Dorf. Hier werden die Dinge gründlich getan. Ich kann deinen Fall nicht behandeln."

Sufi

ZWEI MÖNCHE KAMEN AUF IHRER HEIMREISE an das Ufer eines reißenden Flusses, wo sie einer jungen Frau begegneten, die die Strömung nicht allein durchqueren konnte. Einer der Mönche hob sie auf seine Arme und stellte sie auf der anderen Seite sicher wieder auf die Füße. Dann setzten die beiden Mönche ihre Reise fort. Der Mönch, der den Fluß allein durchquert hatte, konnte schließlich nicht länger an sich halten und tadelte seinen Bruder: „Weißt du nicht, daß es gegen unsere Regeln ist, eine junge Frau anzufassen? Du hast die heiligen Gelübde gebrochen." Der andere Mönch antwortete: „Bruder, ich habe die junge Frau am Ufer des Flusses zurückgelassen. Trägst du sie immer noch?"

Zen

EINES NACHTS DRANGEN DIEBE in Rabbi Wolfs Haus ein und packten ein, was sie fanden. Von seinem Zimmer aus sah der Zaddik zu, tat aber nichts, um sie aufzuhalten. Als sie fertig waren, nahmen sie einige Utensilien mit, darunter auch einen Krug, aus dem an jenem Abend ein kranker Mann getrunken hatte. Rabbi Wolf rannte hinter ihnen her. „Meine guten Leute", sagte er, „was immer ihr hier gefunden habt, betrachtet es, ich bitte euch, als Geschenke von mir. Es ist nicht so, daß ich euch diese Dinge nicht gönne. Aber bitte seid vorsichtig mit dem Krug! An ihm haftet der Atem eines Kranken, und ihr könntet seine Krankheit bekommen!"

Von der Zeit an sagte er jeden Abend vor dem Zubettgehen: „All mein Hab und Gut ist Allgemeinbesitz", so daß, falls nochmals Diebe kämen, sie sich nicht des Diebstahls schuldig machen würden.

Chassidisch

IM LETZTEN JAHRHUNDERT besuchte ein Tourist aus den Staaten den berühmten polnischen Rabbi Hafez Hayyim.

Er war erstaunt, daß das Haus des Rabbi nur aus einem einfachen, mit Büchern gesäumten Zimmer bestand. Das einzige Mobiliar war ein Tisch und eine Bank.

„Rabbi, wo sind deine Möbel?" fragte der Tourist.

„Wo sind deine?" entgegnete Hafez.

„Meine? Ich bin doch nur auf der Durchreise."

„Das bin ich auch", sagte der Rabbi.

Chassidisch

DER ZENMEISTER RYOKAN führte ein höchst einfaches Leben in einer kleinen Hütte am Fuße eines Berges. Eines Abends kam ein Dieb, doch nur um festzustellen, daß es dort nichts zu stehlen gab.

Ryokan kehrte zurück und erwischte ihn. „Vielleicht bist du einen weiten Weg gekommen, um mich aufzusuchen", sagte er zu dem Herumtreiber, „und solltest nicht mit leeren Händen fortgehen. Bitte nimm meine Kleider als Geschenk."

Der Dieb war verwirrt. Er nahm die Kleider und schlich fort.

Ryokan saß nackt da und schaute in den Mond. „Armer Kerl", sinnierte er, „ich wünschte, ich könnte ihm diesen wunderschönen Mond geben."

Zen

16
LEHREN DURCH SEIN

❦

Viele der weisesten Menschen waren weder Anführer großer Gefolg-
schaften noch berühmte und mächtige Persönlichkeiten. Ein großer
Teil tiefgreifender Heilung und Transformation, die in unserer Welt
stattfindet, geht von Menschen aus, die keineswegs wegen großer Fähigkeiten und Wundertaten bekannt sind. Es sind oft die einfachsten
Leute, die großes Mitgefühl und Adel dadurch ausstrahlen, daß sie
lebende Verkörperungen der Liebe und Wahrheit sind.

In der Aussage „Wenn du einen Zenmeister kennenlernen willst,
mußt du seine Frau fragen" liegt eine tiefe Wahrheit. Man erkennt
uns an unseren allerpersönlichsten Handlungen, an unserer Sorgfalt,
unseren Worten und Gefühlen. Wenn wir in innerer Harmonie und
Frieden leben, sind alle unsere Gedanken und Handlungen organi-
scher Ausdruck dieser Harmonie und dieses Friedens. Wer in echter
Weisheit und wahrem Mitgefühl wurzelt, hat kein Bedürfnis, das von
einem Podest aus zu verkünden. Er weiß, daß die einzig sinnvolle Art
zu leben darin besteht, den Geist der Weisheit und des Mitgefühls an
jedem Tag zum Ausdruck zu bringen.

Die Geschichten der großen Weisen und spirituellen Meister berühren uns, weil sie lebende Beispiele derselben tiefen Weisheit sind, die
wir auch in uns spüren können. Sie haben entdeckt, wie sie inmitten
des Chaos große Ruhe finden, wie sie auf Konflikte und Geringschätzung mit Vergebung und Anteilnahme reagieren können. In einer
Welt aus Skepsis und Zynismus leben sie aus tiefstem Vertrauen und
Glauben. Ihre Mission ist nicht, die Welt zu verändern oder anderen
die eigene Wahrheit aufzudrängen, sondern in Übereinstimmung mit

dem zu leben, was sie als wahr erkannt haben, und dieser inneren Harmonie in allen Lebensbereichen Ausdruck zu verleihen.

Die Vorbilder der Geschichten in diesem Kapitel laden uns ein, dieselbe Harmonie in unserem eigenen Leben zu finden und zu verkörpern. Das größte Wunder im spirituellen Leben, so heißt es, ist eine Veränderung im Herzen. Unser Beitrag an die Welt besteht in der Art, wie wir andere berühren und wie wir leben, wie wir sprechen und handeln. Die Verkörperung eines weisen und liebenden Seins wird nicht durch besondere Gesten oder Zugehörigkeit zu einer bestimmten Religion oder Gemeinschaft vollzogen. Es ist viel einfacher und elementarer. Wir verkörpern es im Umgang mit unseren Nachbarn, unseren Familien, unserer Umgebung und uns selbst. Die Kraft des Herzens ist ebenso ansteckend wie der Geist der Wachheit und Integrität. Wenn wir Frieden haben wollen, müssen wir dieser Frieden sein, wenn wir Liebe in dieser Welt haben wollen, müssen wir Liebe sein. Unsere Kinder, Freunde und Gemeinschaften haben am meisten davon, wenn wir ihnen Bruder oder Schwester sind, wenn wir unsere Körper und Herzen, unsere Integrität und Aufmerksamkeit in das Zusammensein einbringen.

Als Gandhi gefragt wurde, ob er eine Botschaft an die Welt habe, sagte er: „Mein Leben ist meine Botschaft." Welche Botschaft geben wir mit unserem eigenen Leben? Welche unserer Seinsqualitäten bringen wir in die schwierigen Situationen des Lebens? Wie berühren wir unsere Freunde, Familien und Gemeinschaft ohne Worte? In welchem Geist berühren wir sie, und wie werden sie sich unser erinnern? Wo leben wir, wo verkörpern wir unsere höchste Weisheit, Liebe und Werte? Wo tun wir es nicht? Wenn wir wahrhaft in Aufmerksamkeit und Mitgefühl leben könnten, wie würde unser Leben dann aussehen?

Ein Prophet kam in eine Stadt, um die Einwohner zu bekehren. Anfangs hörten die Leute seinen Predigten zu, doch dann blieben sie allmählich aus, bis keine einzige Seele mehr dem Propheten zuhörte, wenn er sprach. Eines Tages sagte ein Reisender zu ihm: „Warum predigst du weiter?"

Antwortete der Prophet: „Anfangs hoffte ich, diese Leute zu verändern. Wenn ich jetzt immer noch rede, dann nur, damit sie mich nicht verändern."

Sufi

Der Meister Soyen Shaku verließ diese Welt, als er 61 Jahre alt war. Er erfüllte sein Lebenswerk und hinterließ eine große Lehre, deren Reichtum weit über die der meisten anderen Zenmeister hinausging. Im Hochsommer schliefen seine Schüler tagsüber, was er übersah, ohne jedoch selber auch nur eine Minute zu vergeuden. Er war kaum zwölf gewesen, als er bereits die philosophischen Spekulationen des Tendai studierte.

Eines Sommertags war die Luft so schwül, daß der kleine Soyen seine Beine ausstreckte und einschlief, als sein Lehrer nicht da war.

Drei Stunden vergingen, bevor er plötzlich aufwachte und seinen Meister hereinkommen hörte, aber es war zu spät. Da lag er, quer über der Schwelle am Boden ausgestreckt.

„Entschuldige mich, entschuldige mich", flüsterte sein Lehrer, während er so vorsichtig über Soyens Körper stieg, als ob es sich um einen hochverehrten Gast handele. Soyen schlief nie wieder nachmittags ein.

Zen

AN EINEM EISKALTEN WINTERTAG fuhr Rabbi Wolf zu einer Beschneidungsfeier. Nachdem er einige Zeit im Zimmer verbracht hatte, tat ihm der Kutscher leid, der draußen wartete, so ging er zu ihm und sagte: „Komm herein und wärme dich auf." „Ich kann meine Pferde nicht allein lassen", entgegnete der Mann, während er mit den Armen schlug und mit den Beinen aufstampfte.

„Ich werde mich um sie kümmern, bis du dich gewärmt hast und mich wieder ablösen kannst", sagte Rabbi Wolf. Zuerst wollte der Kutscher nichts davon wissen, doch nach einer Weile ließ er sich vom Rabbi überreden und ging ins Haus. Dort bekamen alle, unabhängig von Rang und Namen, soviel Speise und Trank, wie sie wollten. Nach dem zehnten Glas hatte der Kutscher vergessen, wer seinen Platz bei den Pferden eingenommen hatte und blieb Stunde um Stunde. Inzwischen vermißten die Leute den Zadik, sagten sich aber, daß er wohl ein wichtiges Geschäft erledige und schon wiederkäme, sobald er fertig sei. Sehr viel später gingen die ersten Gäste. Als sie nach draußen auf die Straße traten, wo schon die Nacht hereinbrach, sahen sie Rabbi Wolf bei der Kutsche stehen, wo er mit den Armen schlug und mit den Beinen aufstampfte.

Chassidisch

EINST BESUCHTEN ZWEI BRÜDER EINEN ALTEN MANN, der nicht jeden Tag zu essen pflegte. Als er die Brüder sah, hieß er sie mit Freuden willkommen und sagte: „Das Fasten hat seinen eigenen Lohn, aber wenn du um der Liebe willen ißt, erfüllst du zwei Gebote, denn du gibst deinen Eigenwillen auf und erfüllst noch dazu das Gebot, andere zu bewirten."

Wüstenväter

Von einem Bruder, der Körbe geflochten und mit Henkeln versehen hatte, wird erzählt, daß er einen Mönch nebenan fragen hörte: „Was soll ich tun? Der Händler kommt und ich habe keine Henkel für meine Körbe!" Daraufhin nahm er die Henkel von seinen eigenen Körben ab und brachte sie zu seinem Nachbarn mit den Worten: „Hier, die habe ich übrig. Warum machst du sie nicht an deine Körbe?" Weil es nötig war, half er, die Arbeit seines Bruders zu vollenden, und ließ seine eigene unvollendet.

Wüstenväter

Viele Schüler studierten Meditation unter dem Zenmeister Sengai. Einer von ihnen pflegte nachts aufzustehen, über die Tempelmauer zu klettern und Vergnügungsausflüge in die Stadt zu unternehmen. Sengai, der die Schlafquartiere inspizierte, entdeckte eines Nachts, daß dieser Schüler fehlte. Er entdeckte ebenfalls den hohen Hocker, den er zum Übersteigen der Mauer benutzt hatte. Sengai entfernte den Hocker und stellte sich selbst an seine Stelle.

Als der Wanderer zurückkehrte, setzte er, da er nicht wußte, daß Sengai der Hocker war, seinen Fuß auf das Haupt des Meisters und sprang auf den Boden hinunter. Als er entdeckte, was er getan hatte, war er entsetzt.

Sengai sagte: „Es ist sehr kalt am frühen Morgen. Sieh dich vor, damit du dich nicht erkältest."

Der Schüler ging nie wieder nachts aus.

Zen

DER ZENMEISTER HAKUIN wurde von den Nachbarn als einer derer gelobt, die ein reines Leben führten.

Ein wunderschönes japanisches Mädchen, deren Eltern ein Lebensmittelgeschäft hatten, wohnte in seiner Nähe. Plötzlich, ohne Vorwarnung, fanden die Eltern heraus, daß sie schwanger war.

Die Eltern waren verärgert. Sie wollte nicht preisgeben, wer der Mann war, doch nachdem man sie nicht in Ruhe ließ, nannte sie schließlich Hakuin.

Aufgebracht gingen die Eltern zu dem Meister. „Ist das so?" war alles, was er sagte.

Als das Kind geboren war, wurde es zu Hakuin gebracht. Inzwischen hatte er seinen guten Ruf verloren, was ihn nicht beunruhigte, aber er kümmerte sich sehr gut um das Kind. Bei seinen Nachbarn besorgte er Milch und alles, was der Kleine brauchte.

Ein Jahr später konnte das zur Mutter gewordene Mädchen es nicht länger ertragen. Sie sagte ihren Eltern die Wahrheit – daß der wirkliche Vater des Kindes ein junger Mann war, der auf dem Fischmarkt arbeitete.

Mutter und Vater des Mädchens gingen unverzüglich zu Hakuin, um ihn um Vergebung zu bitten, sich in aller Form zu entschuldigen und das Kind zurückzuholen.

Hakuin war einverstanden. Als er das Kind herausgab, war alles, was er sagte: „Ist das so?"

Zen

KEICHU, DER GROSSE ZENLEHRER der Meji-Ära, war das Oberhaupt von Tofuku, einem Tempel in Kyoto. Eines Tages besuchte ihn der Gouverneur von Kyoto zum ersten Mal.

Sein Assistent präsentierte die Visitenkarte des Gouverneurs, auf der stand: Kitagaki, Gouverneur von Kyoto.

„Mit dem Burschen habe ich nichts zu schaffen", sagte Keichu zu seinem Assistenten. „Sage ihm, er soll verschwinden."

Der Assistent brachte die Karte mit Entschuldigung zurück.

„Das war mein Fehler", sagte der Gouverneur und strich mit einem Bleistift die Worte Gouverneur von Kyoto durch. „Frage deinen Lehrer noch einmal."

„Oh, ist das Kitagaki?" rief der Lehrer aus, als er die Karte sah. „Den Burschen möchte ich sehen."

Zen

Rabbi Shelomo sagte: „Wenn du einen Mann aus Schlamm und Dreck herausholen willst, glaube nicht, daß es genug wäre, oben zu stehen und ihm eine helfende Hand herunterzureichen. Du mußt selber den ganzen Weg von Schlamm und Dreck hinuntergehen. Dann ergreife ihn mit starken Händen und ziehe ihn und dich selber heraus ins Licht."

Chassidisch

Es heisst, daß bald nach seiner Erleuchtung der Buddha an einem Mann auf der Straße vorbeiging, dem die außergewöhnliche Ausstrahlung und der Friede seiner Gegenwart auffiel.

Der Mann blieb stehen und fragte: „Mein Freund, was bist du? Bist du ein Wesen des Himmels oder ein Gott?"

„Nein", sagte der Buddha.

„Nun gut, bist du dann eine Art Magier oder Zauberer?"

Wieder antwortete der Buddha: „Nein."

„Bist du ein Mann?"

„Nein."

„Also, mein Freund, was bist du dann?"

Der Buddha entgegnete: „Ich bin erwacht."

Buddhismus

QUELLEN

Die Veröffentlichung dieses Buches ist durch die Großzügigkeit von Lehrern und Traditionen der Vergangenheit und Gegenwart möglich geworden, die ihre Weisheit im Laufe von Lebensaltern mit uns geteilt haben. Jede erdenkliche Anstrengung ist unternommen worden, Erlaubnis zum Nachdruck der in diesem Band enthaltenen Geschichten zu erhalten. Den folgenden Autoren und Verlegern danken wir herzlich für die freundliche Erlaubnis, jene Geschichten wiederzugeben, die bereits veröffentlicht worden sind.

„The Banyan Deer", „The Brave Little Parrot", „Great Joy the Ox" und „King Shiva" aus *The Hungry Tigress* von Rafe Martin. Nachdruck mit Erlaubnis von Parallax Press.

„Reading a Zen Story" aus *Zen and the Ways* von Trevor Leggett. Nachdruck mit Erlaubnis von Charles E.-Tuttle Co., Inc.

Parabeln aus *Zen Flesh, Zen Bones* von Paul Reps. Nachdruck mit Erlaubnis von Charles E.-Tuttle Co., Inc.

Die Einleitung aus *Peacemaking Day by Day* von Mary Lou Kownacki. Nachdruck mit Erlaubnis von Pax Christi USA, Erie, PA.

Auszüge aus *The Wisdom of the Desert* von Thomas Merton, copyright © 1960. Nachdruck mit Erlaubnis der New Directions Publishing Corp.

Auszüge aus *The Way of Chuang Tzu* von Thomas Merton, copyright © 1965 by the Abbey of Gethsemani. Nachdruck mit Erlaubnis der New Directions Publishing Corp.

Auszüge aus *Zen: Poems, Prayers, Sermons, Anecdotes.* Nachdruck mit Erlaubnis von Doubleday, a division of Bantam, Doubleday, Dell Publishing Group, Inc.

Interviews von Lucien Stryk, Hrsg., Takashi Ikemoto, Übers., copyright © 1965 by Lucien Stryk und Takashi Ikemoto. Nachdruck.

Auszüge aus *The Song of the Bird* von Anthony de Mello, copyright © 1982 by Anthony de Mello, S.-J.

Auszüge aus *Desert Wisdom* von Yushi Nomura, copyright © 1982 von Yushi Nomura, Einleitung copyright © 1982 by Henri J.-M. Nouwen.

Auszüge aus *Who Dies* von Stephen Levine, copyright © 1982 by Stephen Levine: Nachdruck mit Erlaubnis von Doubleday, a division of Bantam, Doubleday, Dell Publishing Group, Inc.

Jack Kornfield & Christina Feldman

GESCHICHTEN DES HERZENS

Die umfangreiche Gesamtausgabe der inspirierenden und bewegenden Weisheitsge-schichten aus aller Welt.
Alle diese Geschichten sind Edelsteine – strahlende Weisheit aus allen Traditionen und Zeitaltern. Christina Feldman und Jack Kornfield bieten uns ein abwechslungsreiches Menü, das das Leben zahlreicher Menschen nachhaltig bereichern kann.

Rachel Naomi Remen

AUS LIEBE ZUM LEBEN

Durch ihre vitale, heilende Kraft offenbaren uns die Geschichten von „Aus Liebe zum Leben" Rachel Naomi Remen nicht nur als eine der großen Geschichtenerzählerinnen unserer Zeit, sondern vor allem als eine Heilerin des Herzens.
Es sind die alltäglichen, oftmals sogar unbemerkten Segnungen, um die sich Remens Erzählungen ranken - jene Wohltaten, die in einer Geste, einem Wort oder einer un-vermuteten Tat ins Leben treten können. Remen erinnert uns daran, daß hinter allen Geschichten eine Geschichte steht. Diese eine große Geschichte handelt von unserer wahren Identität, davon, wer wir sind, warum wir hier sind und was uns trägt. So ist jede Geschichte ein überzeugendes Plädoyer für das Leben.

„Rachel Naomi Remen ist ein Geschenk des Himmels, eine Kennerin der schwer zu fassenden und doch so wesentlichen Kräfte des menschlichen Herzens. Sie lehrt uns unendlich viel über Heilung, Liebe und das Leben."
Daniel Goleman

„Der Triumph des Herzens. Ein Buch, das schon während des Lesens heilt und inspi-riert. Eine Schatzkammer voller Geschenke der Liebe."
Jack Kornfield

Andrew Harvey & Erik Hanut

Der Duft der Wüste

Mit revolutionärer Kraft enthüllt der Mystiker Andrew Harvey die Liebe und Hingabe, die dem Sufismus unauslöschlich eingeschrieben sind. Andrew Harvey spricht in der Sprache der Liebenden und sein Buch trägt jenen unsichtbaren Duft, nach dem es der Seele verlangt.

Der Erfolgsautor Andrew Harvey – weltbekannt für seine inspirierenden Interpretationen spiritueller Texte – präsentiert uns im Zusammenspiel mit dem Fotografen Eryk Hanut ein atemberaubendes Buch aus dem Herzen der Sufi-Mystik. Lehrgeschichten, prophetische Erzählungen, Volksmärchen und Scherze machen im Zusammenspiel mit den hervorragenden Übersetzungen der ekstatischen Poesie Rumis, Kabirs und anderer dieses kleine Buch zu einem Schatzkästlein der Inspiration und Kunstfertigkeit.

Myla & Jon Kabat-Zinn

Mit Kindern wachsen

Das Leben mit Kindern kann ein eigener Weg von ungeahnter Tiefe und Erfüllung sein kann. Die behandelten Themen sind sehr vielfältig und reichen von grundsätzlichen Überlegungen bis hin zu vielen praktischen Beispielen und konkreten Hinweisen für ein harmonisches Leben mit Kindern. Das Buch kann Eltern schon während der Schwangerschaft eine wertvolle Hilfe sein, begleitet sie durch die Höhen und Tiefen der ersten Jahre, gibt wertvolle Hinweise, wie Kinder, die in die Schule gehen, unterstützt werden können, und zeigt, daß es selbst dann nicht zu spät sein muß, neue Wege zu gehen, wenn die Kinder erwachsen sind.

Das Leben mit Kindern als spirituelle Praxis – ein unverzichtbares Buch für alle, die Elternsein und die innere Kunst der Achtsamkeit in Einklang bringen wollen.

„Die innere Arbeit der Achtsamkeit in der Familie ist eine tiefe spirituelle Praxis und ‚Mit Kindern wachsen' ist ein außerordentlich wertvolles Buch, das alle Eltern inspirieren und unterstützen wird."

Thich Nhat Hanh

Jon Kabat-Zinn

ZUR BESINNUNG KOMMEN

Die Weisheit der Sinne und der Sinn der Achtsamkeit in einer aus den Fugen geratenen Welt

Unsere Gesundheit und unser Wohlergehen stehen auf dem Spiel, wenn es uns nicht gelingt, in dieser aus den Fugen geratenen Welt wieder zur Besinnung zu kommen, als Individuen und als menschliche Gemeinschaft. Dies ist die zentrale These des bekannten Verhaltensmediziners und Meditationslehrers Prof. Dr. Jon Kabat-Zinn, dessen Programm der „Stressbewältigung durch die Praxis der Achtsamkeit" (MBSR) weltweit in immer mehr Universitätskliniken, Krankenhäusern, Gesundheitszentren, aber auch in wirtschaftlichen und politischen Institutionen erfolgreich praktiziert wird.

Wir haben weitgehend den Kontakt verloren zur wahren Wirklichkeit dessen, was wir in unserer Tiefe und in allen unseren Möglichkeiten sind; ebenso zu unserem Körper und zu den „Körperschaften" unserer gesellschaftlichen und politischen Institutionen. Diese Entfremdung von dem, was wirklich ist, macht uns und unsere Gesellschaft auf die Dauer krank.

Das Tor, durch das wir erneuten Zugang zu unserem inneren Potential, zu unserem Körper, unseren Gefühlen, unseren Mitmenschen und unseren Organisationen gewinnen können, ist das unserer Sinne – und zu denen zählt der Autor aus buddhistischer Sicht auch den denkenden Geist.

Der Königsweg zu dieser Belebung der Weisheit der Sinne ist die Achtsamkeit. Ihre heilsame Kraft ist in der buddhistischen Meditationspraxis seit zweieinhalb Jahrtausenden erforscht, erprobt und angewendet worden. Dieses Buch zeigt, wie wir mit Hilfe dieser Praxis wieder zur Besinnung kommen und mit allen Sinnen zu einem gesunden und erfüllten Leben in der Gemeinschaft finden können.

Erscheint im Herbst 2005

Gerne informieren wir Sie über unsere Aktivitäten und unser Buchprogramm. Schreiben Sie uns oder besuchen Sie uns im Internet unter **www.arbor-verlag.de.**
Hier finden Sie Leseproben, aktuelle Informationen, Links und unseren Buchshop.

Arbor Verlag • D-79348 Freiamt
Fax: 0761.40140931 • info@arbor-verlag.de